KB033903

1인 출판사 수업

좋아하는 일 오랫동안 계속하기

1인 출판사 수업

세나북스

들어가며

1인 출판사, 이보다 더 좋을 수 없다!

2015년은 저에게 잊을 수 없는 한 해였습니다.

저의 첫 책을 냈고 1인 출판사를 시작했으며, 세나북스 이름으로 첫 책도 출간했습니다.

하지만 기쁨도 잠시, 1인 출판사 운영은 만만치 않았습니다. 남편 월급으로 생활비를 충당하고 8년 동안 일했던 직장에서 받은 퇴직금, 해지한 개인 연금은 사업에 다 투자했습니다. 이런 힘든 상태는 2017년 중반까지 계속되었습니다.

창업하고 3년, 무작정 버텼습니다. 하루에도 몇 번씩 머리를 감싸 쥐었습니다. 내가 정말 잘 하고 있는 걸까 하는 의문이 들었습니다.

하지만 아무리 생각해도 이 매력적인 일을 그만 둘 수가 없었습니다. 신기하게도 어려운 시기마다 도와주는 분들이 나타났습니다. 정말 감사한 일이었습니다.

2017년 말 즈음부터 출판사는 조금씩 안정적인 모습을 갖추게 되었습니다. 제가 큰 은인으로 생각하는 두 분 작가님을 비롯해 책을 써 주신 많은 작가님과 저희 책을 사랑해 주시는 독자님들의 도움으로 아직은(!) 망하지 않고 잘 버티고 있습니다.

2019년 말 현재 종이책 19권, 전자책 30권을 펴냈습니다. 올해에는 네 권의 책을 출간했고 이 책이 다섯 번째 책입니다. 2020년에 낼 책도 다 예정되어 있습니다.

사실 이제 겨우 만 4년, 출판 경력 5년 차인 제가 출판에 관해 이야기한다는 건 건방집니다.

더군다나 저는 출판사에 다녀본 경험도 없습니다. 1인 출판사를 시작하며 처음으로 출판을 접했습니다.

‘이렇게 하면 1인 출판사로 성공할 수 있다’라는 이야기는 이 책에 없습니다. 저는 그런 능력이 없습니다.

　그럼에도 『1인 출판사 수업』이라는 거창한 제목을 가지고 이 책을 쓴 이유는, 누군가 1인 출판사를 저와 비슷한 조건에서 시작한다면 이 책을 읽고 조금이라도 더 시행착오를 줄이시라는 바람 때문입니다.

　어찌 보면 저도 대책 없이 1인 출판사를 시작했습니다. 그래도 아직 버티고 있습니다. 지난 5년간 경험한 1인 출판사 준비와 운영 경험이 조금은 도움이 되리라 감히 말씀드립니다.

　물론 이 책에 나오는 대로 실천해도 고생을 안 한다는 보장은 없지만, 시간과 돈과 노력을 조금이라도 더 아끼는 역할은 하리라 믿습니다.

　주변에서 1인 출판사를 한다고 하면 일단 말립니다. 그 이유는 준비 없이 시작하면 고생은 고생대로 하고 돈은 돈대로 다 쓰고 제대로 꿈을 펼칠 수도 없기 때문입니다.

　저처럼 무식(?)하게 시작하지 마시고 준비가 성공을 부르는 1인 출판사 창업을 꼭 하시기를 기원합니다.

　더 솔직하게 말씀드리면 이런 즐겁고 재미있고 보람 있는 1인 출판사를 단 한 분이라도 더 쉽게 시작하고 지속하게 되시라는 마음을 이 책에 꼭꼭 눌러 담았습니다.

　책을 좋아하고 사랑하는 누군가가 1인 출판사를 꿈꾼다면, 제가 걸어온 짧은 길이 아직은 어두운 그분의 앞길을 비추는 아주 작은 불빛이 되기를 바랍니다.

2019년 가을
최수진

Contents

어떤 특정한 활동이나 학문에 이끌리는 이유를
결국은 당신도 명쾌하게 설명하기 어렵다.
그것은 언어로 설명하기 힘들며, 그저 자연과 본성이
이끄는 길일 뿐이다.
진정한 자아의 목소리를 따르라.
그래야 내면의 잠재력에 눈뜨고, 당신의 고유함을
창의적으로 표현하고 싶은 깊은 갈망을 채울 수 있다.
당신 내면의 목소리에는 분명한 존재 이유가 있으며,
그것을 따라가 값진 열매를 수확하는 것이야말로
당신이 평생 추구해야 할 인생 과업임을 잊지 마라.

- 로버트 그린, 『마스터리의 법칙』 중에서 -

1인 출판사가 인기 있는 이유

1인 출판사는 진입 장벽은 낮지만 99%가 망한다는 이야기까지 있다. 절대 대박은 없다.

출판사 대표들은 대박 책 하나보다는 꾸준히 팔리는 책 여러 권이 더 낫다고들 말한다. 이런 책들이 점점 많아지면 출판사 유지가 가능한 기반이 만들어진다.

여러 어려움에도 많은 사람이 1인 출판사나 출판사 창업을 하고 싶어 한다. 왜 그럴까?

5년간 경험한 1인 출판사 생활을 요약하면 다음과 같다.

1. 일과 삶의 경계가 없이 혼연일체 되는 생활이 가능하다. 나는 사무실 없이 집에서 일하니 더 일과 삶의 경계가 없다. 주말에 일해도 억울하거나 이상하지 않다. 오히려 일이 없으면 심심하고 할 일이 적당히 있어야 즐겁다. 약간 일 중독인가?

2. 24시간을 내 마음대로 쓸 수 있다. 회사 다니면서 가장 힘들었던 점은 몸이 회사에 묶여 있어서 항상 시간이 부족했다. 지금은 내 마음대로 시간을 쓰니 아이들 키우기도 편하고 마음도 편하다. 아이가 갑자기 아프거나 급한 일이 생겨도 별문제 없이, 누구의 눈치도 볼 필요 없이 다 해결할 수 있다.

3. 취미와 일의 경계도 없다. 책을 좋아해서 출판까지 하게 되었다. 서점이라는 공간도 좋아하는데 일을 핑계(?)로 일주일에 서너 번씩 서점에

간다. 나는 소위 말하는 성공한 덕후인가?

4. 끊임없이 도전할 일이 있다. 계속 발전하고 싶은 스타일의 사람이라면 출판은 최고의 직업이다. 도전할 일도, 공부할 무언가도 너무 많아서 지루할 틈이 없다.

5. 글을 쓰고 작가님들 만나는 일이 일상이다. 글을 쓰고 고치는 일이 직업이라니 꿈(?)만 같다. 같이 일하는 작가님들 만나는 일도 너무 행복하다. 만나면 우리의 공통 관심사인 책과 출판 이야기를 하느라 시간 가는 줄 모른다.

처음에는 작가가 되고 싶었지만 그냥 막연한 꿈일 뿐이었다. 일단 다니던 회사를 그만뒀다.

지금 생각하면 참 대책 없는 행동이지만 결과가 나쁘지 않았으니 그냥 넘어가자. 사람은 가끔 아무 생각 없이 저지를 줄도 알아야 한다.

회사를 그만두면서 다시는 조직에서 누구 눈치 보며 일하지 말자, 그리고 좋아하는 일을 하자고 결심했다.

그런데 나는 뭘 좋아하지?

책 읽기, 글쓰기, 블로깅 하기, 일본 여행을 좋아했다. 이 네 가지를 실컷 하면서 돈도 벌면 좋은데 그런 직업이 뭐가 있지? 라며 다음에 할 일을 찾았다.

그리고 나이에 상관없이 오래 계속할 수 있는 일이면 좋겠다 생각했다. 그러다가 찾은 일이 1인 출판이다. 1인 출판은 '누구의 눈치나 간섭 없이, 좋아하는 일을, 오랫동안 계속하고 싶다'라는 나의 욕구에 100% 적합한 일이었다. 다들 비슷한 이유로 1인 출판사를 하고 싶은 것이 아닐까?

또한 앞에 나온 『마스터리의 법칙』에서 로버트 그린이 한 말처럼, 1인 출판사도 언어로 설명하기 힘든 특별한 매력이 있다. 무언가에 이끌린다면 우린 그 일을 해야 한다.

책은 손에 잡히는 아트다

한때 회사 일이 재미있기도 했다. 하지만 항상 '정말 좋아하는 일을 하고 있는가?'라는 자신의 질문에 대답이 망설여졌다.

회사에서 주어지는 일이나 프로젝트를 잘 수행해도 내 이름으로 된 그 무엇도 남지 않았다. 기껏해야 이력서에 경력이 한 줄 추가 될 뿐이었다. 누가 알아주지도 않는다. 월급만 남는다.

내 꿈이 아닌, 내가 다니는 회사 사장님의 꿈을 이루기 위해 나는 일하고 존재했다. 어느 순간, 회사에 대한 충성도는 바닥을 치고 마음은 갈 곳을 잃었다.

세스 고딘은 『이카루스 이야기』에서

당신이 지금 누군가의 지시에 따라 일을 하고 있다면, 그 일은 당신 자신의 것이 아니다. 아티스트와 장인은 이렇게 외친다. "이게 내 작품이다!" 그러나 근로자는 오로지 지시에 따를 뿐이다.

마치 내 이야기를 하는 것 같았다. 나도 내 작품(?)을 세상에 남기고 싶었다. 가능한 한 많이.

남이 시키는 일만 하며 시간을 보내기에는 내 인생이 너무 아까웠다. 새로운 도전이 필요한 시기였다. '자신만의 아트를 하라'는 세스 고딘의 말은 '신의 계시'처럼 들렸다.

결국, 아트까지는 아니지만, 오직 나만이 만들 수 있는 창조물은 일하며 만들 수 있게 되었다. 아시다시피 책이다.

아직 책 만들기 장인 수준은 아니지만 한 권 한 권 만들며 내가 할 수 있는 최선을 다한다.

책이 인쇄되어 처음 만나는 날은 가슴이 두근거린다. 책을 품고 잠시 눈을 감으면 말로 표현할 수 없는 기쁨에 가슴이 벅차오른다. 이런 일이 가능한 지금이 너무 행복하고 감사하다.

출판사를 하고 싶은 사람들은 모두 자신만의 아트를 하고 싶은 것이 아닐까? 책은 손에 잡히는 아트다.

일상과 일의 경계가 없이, 모든 나의 경험치가 내가 하는 일에 자극이나 플러스가 되었으면 한다. 작가나 크리에이터, 예술가는 이런 일상을 보내지 않을까?

이 세상에 없던 새로운 가치를 담은 책으로 자신을 표현하기 위해 사람들은 1인 출판사를 선택한다.

회사를 그만두고
출판을 시작하다

누군가 1인 출판사를 하고 싶거나 편집자가 되고 싶다면 분명 책을 좋아하는 사람이다. 나도 책을 무척 좋아한다. 그렇다고 엄청난 독서가는 아니지만.

책을 좋아했지만, 책으로 먹고살게 될 것이라고는 상상도 해보지 못했다.

2011년에 나는 38살이 되었고, 첫째 아이가 초등학교에 들어갔으며, 직장인으로 회사 생활을 한 지 14년째가 되었다.

그즈음의 나는 작가가 돼야겠다는 생각에 푹 빠져있었다. 작가 수업으로 본격적인 독서를 시작했지만 뭔가 노력이 부족하다는 느낌이었다.

작가가 되려면, 책을 내려면 어떻게 해야 하는지 알 수가 없었다. 전문가의 힘을 빌리기로 했다.

2012년 2월, '꿈꾸는 만년필'이라는 1년 과정의 책 쓰기 코칭 프로그램에 참여했다.

이 경험으로 코칭의 힘이 얼마나 대단한지 알 수 있었다. 1년 동안 주어진 다양한 글쓰기, 책 쓰기 관련 미션을 수행하면서 글쓰기 능력도 높이고 관련 지식도 많이 알게 되었다.

요즘 많은 분이 우리 출판사에 정성스럽게 쓴 원고를 투고해 주신다. 나도 꿈꾸는 만년필 프로그램의 마무리로 책 한 권 분량의 원고를 완성했고 여러 출판사에 투고했다.

결과는 참담했다. 어떤 출판사의 선택도 받지 못했다. 지금 생각해 보면 아주 당연한 결과다.

내 원고는 시류에도 맞지 않았고 이름 없는 작가 지망생이 쓴 평범한 에세이에 지나지 않았다. 같이 꿈꾸는 만년필에 참여한 작가님들의 출간 소식을 간간이 들으며 점점 더 초조해져만 갔다.

1년간 작가를 꿈꾸며 노력한 결과인 원고를 그대로 둘 수는 없었다. 결국, 2013년 초, 전자책으로 직접 제작해서 유통하게 되었다.

나의 첫 책 『일본어로 당신의 꿈에 날개를 달아라』는 그렇게 세상 밖으로 나왔다. 사실 잘 팔릴 거라는 기대는 하지 않았다. 책을 냈다는 사실만으로 만족하고 있었다.

열심히 썼지만, 책이라는 상품에 대한 이해와 지식이 너무 부족해서 콘셉트도 잘 못 잡았고 홍보 능력도 없었다. 책 판매를 위해 거의 아무것도 못 하는 상태였다. 블로그를 통해 조금씩 하는 책 소개가 그 당시 내가 할 수 있는 홍보와 마케팅의 전부였다.

하지만 의외로 이 전자책이 잘 팔렸다. 전자책을 내고 얼마 후 생애 첫 '인세'를 받았다. 만원 정도였는데 그때의 기분은 아직도 생생하게 기억난다.

아, 내가 쓴 글로 전자책을 만들어서 돈을 벌다니! 이 작은 경험은 내가 출판에 관심을 가지게 된

계기가 되었다.

좋아하는 책 읽기와 글쓰기를 하고, 그 결과로 책을 쓰고 만들어 돈을 번다는 사실이 신기하기도 하고 묘한 즐거움도 주었다. 요즘 말로 완벽한 '덕업일치'라는 생각도 들었다.

이때부터 인생과 진로에 대한 고민은 더 깊어졌다. 잘 다니던(?) 회사를 그만두고 다른 일을 찾을지 말지 정해야 했다.

마침 하던 일에도 점점 흥미를 잃어가고 있었다. 아이들은 커 가는데 회사에서는 직급이 높아지니 더 많은 일을 해야 했다. 도저히 회사와 가정을 양립해서 잘해나갈 자신이 없었다.

2013년부터 시작된 고민은 해를 넘겨 2014년 초까지 이어졌다. 드디어 마음의 결정을 하고 2014년 5월, 회사를 그만뒀다.

사실 이때만 해도 '출판사를 해야겠다!'라는 구체적인 계획을 세우고 회사를 그만둔 것도 아니었다.

단지 "읽고 싶은 책 실컷 읽고, 쓰고 싶은 글도 많이 쓰면서 한동안 온전히 나만을 위한 시간을 가져보자"라는 생각뿐이었다. 생각만 해도 온몸이 부르르 떨릴 정도로 신나는 일이었다.

회사를 그만두고 난 후, 나의 일과는 완전히 바뀌었다. 회사 대신 충무로에 있는 스타벅스로 출근, 온종일 책 읽고 글 쓰고 가끔 영화도 보고 사람들도 만났다. 7개월 정도 이런 생활을 했다.

지금 생각하면 다시는 오지 않을 내 인생 최고의 시간이었다. 이 기간에 나의 글쓰기나 텍스트 해석 능력도 이전보다는 훨씬 더 좋아졌다. 너무나도 하고 싶었던 일들을 실컷 했던 그 시간이 나중에 출판사 일을 하는데 큰 자양분이 되어주었다.

2014년 10월에는 출판사를 해야겠다는 구체적인 결심을 했고, 2015년 초에 출판사 등록과 사업자 등록을 했다. 그리고 공용 사무실을 빌려서 출판 업무를 시작했다.

1인 출판사 대표가
갖추어야 할 조건

1인 출판사를 만드는데 필요한 실용적인 출판 관련 정보는 이미 많은 책과 자료가 존재한다.

나도 다양한 출판 정보가 담긴 책과 잡지, 인터넷 카페 정보를 보고 공부하며 1인 출판사를 운영하는 데 많은 도움을 받았다.

정보는 넘치는데 왜 많은 1인 출판사들이 성공적으로 안착하지 못하고 꿈을 펼쳐 보기도 전에 날개를 접는지 생각해봤다.

정보는 많지만 엄선된 정보를 찾는 데는 시간이 걸리고, 실전을 해봐야 이 정보가 도움이 되는 정보인지 아닌지도 확실하게 알게 되기 때문이다.

1인 출판사 성공의 기준은 개인에 따라 다른데, 내 기준의 성공은 '회사 다닐 때 받던 월급보다 조금 더 벌면 충분하다'이다. 사실 이 정도도 쉽지는 않지만 말이다.

정보나 기술, 자금력도 중요하지만, 이보다 더 중요한 1인 출판사 대표의 조건은 무엇일까?

첫 번째는 시간 관리를 잘해야 한다.

두 번째는 적어도 '텍스트'는 장악해야 한다. 즉, 글을 잘 써야 하고 좋은 글을 알아볼 수 있어야 한다. 물론 개인적인 의견이다. 편집 경험이 없어도 뛰어난 출판 영업 능력으로 훌륭하게 출판사를 운영하는 영업자 출신 출판사 대표도 있다.

세 번째로 필요한 조건은 '꿈을 꾸는 사람이어야 한다'이다. 나이가 얼만데 아직도 꿈을 꾸냐고 반박하면 곤란하다. 나도 나이가 많지만 매일 새로운 꿈과 희망을 생각한다. 꿈을 가지지 않고는 1인 출판사를 할 수 없다. 이 이야기를 해보고 싶다.

보물 지도를 만들어서
꿈을 실현해 보자!

모치즈키 도시타카가 쓴 『당신의 소중한 꿈을 이루는 보물 지도』에 나오는 '보물지도 만들기'는 실제로 효과가 끝내준다.

간단히 책 내용을 언급하면, 원하는 일, 내가 이루고 싶은 일을 적은 보물 지도를 만들면 그 꿈이 그대로 이루어진다인데 이지성 작가의 『꿈꾸는 다락방』에도 비슷한 내용이 나온다. "자신의 꿈을 눈에 보이는 형태로 즉, 글이나 그림, 사진 등을 이용, 어떤 구체적인 형태로 만들고 이 내용을 자주 접하면 그 꿈이 이루어진다"라는 것이다.

솔직히 책을 읽고 보물 지도를 만들면서도, '이

게 과연 이루어질까?' 하고 의문을 가졌는데, 결론부터 말하자면 실제 보물지도에 적은 나의 꿈은 이루어졌다!

허접하지만 열심히 만들었다. 이 보물지도를 사진으로 찍어서 프린트하고 거실 벽에도 한동안 붙여두었다. 핸드폰 메인 화면에도 넣어 다녔다.

꿈꾸는 만년필 코치님이 시켜서 하긴 했지만 만들면서 즐거웠다. 당시 꿈꾸는 만년필 운영진이었던 한 작가님이

"보물지도 말이야, 그거 좀 무서워… 만들면 진짜 그대로 이루어진다….."

라고 말씀하셔서 그때에는 작가와 책 출간의 꿈을 포기하지 말고 용기를 가지라는 격려의 말 정도로 듣고 넘겼다.

그런데 내가 만든 보물지도에는 이런 내용이 있다.

"벌써 8권째 출간!! 이루었습니다~"

보물지도를 만들며 위의 내용을 쓴 것이 2012년
이었다.

그 후 출판사를 만들고 열심히 일하던 2016년 6
월의 어느 날, 문득 예전에 만든 보물지도가 떠올랐
다.

당시 세나북스의 7번째 책을 출간한 상태였고
마침 8번째 책을 만들고 있었다. 보물지도에는 '5년
이내에 이루고 싶은 일'을 썼었는데, 2017년, 그러
니까 실제 5년 후에 8권 이상 책을 출간했으니 보물
지도에 쓴 그대로 이루어진 셈이다.

솔직히 5년 이내에 8권 출간이라는 말은 큰 기
대도 하지 않고 썼다. 보물지도를 만들 당시에는 이
루어지리라고 상상도 못 했던 일이 그대로 실현되
었다. 비록 8권 모두 내가 직접 쓴 책은 아니지만 만
든 책은 분명하다.

우연히 이 사실을 알게 된 그 날은 다른 일이 잘

안 될 정도로 기분이 좋았다. 꿈은 이루어진다는 말, 내게도 이런 일이 일어나다니…. 재미있는 사실은 운전면허를 따겠다는 말도 보물 지도에 썼는데 2016년에 운전면허도 취득할 수 있었다.

이런 믿거나 말거나(?) 류의 이야기를 하는 이유는 아무리 남들이 보기에는 작거나 보잘것없고, 이루어질 것 같지도 않은 꿈이라도, 그 꿈이 너무도 이루고 싶고 좋아하는 일이라면, 그리고 열심히 그 꿈을 이루기 위해 노력한다면 분명 이루어진다는 믿음을 주고 싶어서다.

내가 1인 출판사를 그럭저럭 운영하는 건 그리 큰 성공도 아니고 세간의 기준에서 보면 정말 별것도 아니다. 하지만 내가 정말 좋아하는 일을 즐겁게 해왔고 지금도 하고 있으며, 여전히 이 일을 하며 하루하루가 즐겁다.

조직 생활도 해봐서 지금의 자유로운 이 생활이 얼마나 행복하고 축복받은 일인지 절실히 느낀다.

회사에 다니면서 육아와 가사도 소홀히 할 수 없

었던 시절, 일 년에 몇 번 있을까 말까 한 휴가와 여행만을 유일한 피난처로 삼던 안쓰러운 지난날의 내 모습이 떠오른다.

지친 자신을 달래며 버티듯 보내는 하루는 도대체 우리에게 어떤 의미일까? 버틴다고 나아지는 것도 없는데….

나는 이미 그런 날들은 기억조차 나지 않는다. 그리고 앞으로의 내 인생에 그런 날들은 절대 없다.

17년만에 이룬
재택근무, 1인 기업, 프리랜서의 꿈

1999년쯤으로 기억하는데 회사 생활 4년 차였다.

　7시쯤 퇴근하려는데 부장이 말한다.

　"한가한가 보네. 일 좀 더 줄까?"

　지금도 이 말이 잊히지 않는다. 남자 직원 중에는 스타크래프트를 하면서도 8시 넘어까지 사무실에서 버티는 사람도 있던 시절이다.
　지금은 이런 회사, 상사는 설마 없겠지 싶다가도 어딘가에는 있을지도 모른다는 끔찍한 생각이 든다.

그 꼰대 부장을 보면서 "부장도 진짜 별거 아니네. 이 회사에 남아봤자 저런 부장밖에 안 되겠군."이라고 생각했다. 그리고는 1년 뒤에 퇴사했다.

그 부장은 당시에도 특별한 능력 없이 결재 서류에 도장만 찍는 신세였는데 회사에서 오래 못 버티고 결국 잘렸다고 들었다.

회사에 다니면 내 인생 우선순위 1위에 회사 일이 자리매김한다. 가족의 일은 두 번째가 된다. 솔직히 이건 말도 안 된다. 프로젝트가 바쁘면 밤 10시에도 퇴근한다. 밤샘도 많이 해봤다. 가정과 일의 양립이 어렵다.

일이 바쁘지 않아도 몸은 사무실에 있어야 한다. 그 시간을 아이들과 보낼 수만 있다면…

끊임없는 고민 끝에 자유(?)를 찾아 1인 기업가의 길을 택했고 벌써 5년이 지났다. 지금 내 생활에 아주 만족한다.

내가 하고 싶은 일을, 원하는 시간에 마음껏 할 수 있다는 사실은 이제 내게 마치 공기처럼 자연스

럽고 당연하며 한없는 기쁨을 준다.

나의 시간과 스케줄을 내가 통제 가능함이 무엇하고도 바꿀 수 없는 가장 강력한 1인 기업이나 프리랜서의 매력이다.

물론 바쁠 때는 바쁘다. 하지만 회사처럼 살인적인 데드라인을 가지고 일을 할 필요도 없고 그렇게 하지도 않는다.

회사에서처럼 비효율적이거나 쓸데없는 일을 해야 할 필요도 없다. 예를 들면 보고용 프레젠테이션 자료를 너무나도 공을 들여서 만드는 일 같은 것인데, 다시는 하고 싶지 않은 끔찍한 일 중 하나다.

주말에 일하는 때도 많지만, 부담으로 느껴지지 않는다. 만약 회사 일로 주말에 일했다면 엄청난 스트레스였겠지만 지금 하는 일에서는 전혀 그렇지 않다. 일과 취미와 휴식의 경계가 모호하다.

어떤 프리랜서 번역가는 일부러 주말에는 일을 하지 않고 주중에만 한다는데 나는 평일에 조금 느슨하게 일하는 대신 거의 매일 일한다. 특별한 이유가 있다기보다는 지금 내 상황에 맞는 방법일 뿐이다.

　재택근무, 프리랜서, 1인 기업. 사실 회사 초년병 시절부터 꿈꿔온 일이다. 1인 기업으로 안정적으로 되기까지 힘들었지만, 그동안의 노력이나 과정도 보람 있었고 무엇보다 이 일을 평생 할 수 있다고 생각하니 마음이 편하고 행복하다.

　회사 인간으로 살 것인지 프리랜서로 자유롭게 일하며 자아실현에 더 근접할 것인지의 선택은 각자의 자유다.

　자기가 좋아하는 일, 잘 할 수 있는 일을 찾았다면 절대 망설이지 말고 자유롭게 나의 시간을 조각하고 즐길 수 있는 프리랜서, 1인 기업가나 소규모 창업에 도전했으면 좋겠다. 가능한 젊은 나이에 말이다.

　즐거운 1인 기업, 프리랜서 라이프에 많은 사람이 동참했으면 하는 바람이다.

새벽 시간 활용해서
독서와 자기 계발하기(새벽 3시 기상)

작가가 되고 싶어서 책 읽기와 글쓰기를 열심히 하던 시절, 회사에서 퇴근하면 아이들을 돌봐야 하니 시간 내기가 쉽지 않았다. 그래서 생각해 낸 방법이 바로 새벽 3시 기상이다.

무턱대고 잠을 줄인 건 아니다. 일찍 자면 일찍 일어날 수 있다. 가끔 새벽 2시에 일어나기도 했는데 그런 날은 저녁 9시부터 잔 날이었다. 9시부터 잤으니 2시에 일어나도 5시간이나 잘 수 있다. 보통 저녁 10시에 자서 새벽 3시에 일어났다.

새벽이 주는 평안함, 신비로움. 세상과 내가 하나가 된다는 느낌, 고요에 싸인 세상이 나만을 지켜

봐 준다는 기쁨. 새벽 3시의 세상은 그때까지 내가 살아온 세상과는 달랐다.

처음에는 새벽 3시에 일어나기를 습관으로 만들기 위해 노력했다. 의지도 중요하지만, 몸이 알아서 깨어나게 만들어야 했다. 다음은 『2021 중학생 공부법』에 나오는 내용이다.

사람은 무슨 일이든 3주를 되풀이하면 몸속에 제대로 입력이 돼서 생체리듬이 바뀌고 호르몬 구조가 바뀐다. 새벽에 자고 아침 10시에 일어나던 올빼미라도 아침형 인간으로 바뀌겠다고 작심하고, 3주 동안 매일 아침 6시에 무조건 일어나보라. 3주 뒤엔 술을 먹었건, 밤샘을 하건 아침 6시면 일단 눈이 떠진다. 그리고 그 습관을 들이는 데에는 정말로 지난한 과정이 필요하다. 3주를 버티려면 아마 6개월은 걸릴 것이다. 6개월 안에 습관 들이기에 성공하면 그 집안은 대박이다.

잘 생각해 보니 나도 무조건 버텼던 것 같다.

새벽에 일어나면 졸리고 별생각 다 들고 "이거하다가 몸 상하는 거 아냐?" 이런 생각도 들었다. 어쩌다 보니 3주 이상 잘 버텨서 습관으로 만들었다.

완전히 몸에 이 습관을 붙이는 데는 3개월 이상 걸렸다. 지금도 저녁 8시나 9시쯤 자면 아주 피곤한 날만 아니라면 새벽 2~3시쯤 잠에서 깬다.

출판 일을 시작하고도 낮에 아기를 돌보느라 전혀 일 할 상황이 안 되면 이 습관을 활용해서 새벽에 일어났다. 책도 읽고 일도 한다. 한 번 버릇 들이면 언제든 다시 꺼내 사용 가능한 새벽 3시 일어나기 습관은 정말 유용하다. 시간을 밀도 있게 사용할 수 있는 좋은 방법이다.

20대 중반, 일본어 학원 새벽반에 다녔다. 집에서 나서는 시간이 6시 45분 정도였는데 게으른 나에게 보통 힘든 일이 아니었다. 매일 아침 집 현관을 나서며 투덜거렸다. "내가 무슨 영화(榮華)를 보겠다고…." 지금은 생각이 바뀌었다. "새벽에 일어나서 무언가를 한다는 건 부귀영화(?)와 가까워지는 지름길이다"라고 말이다.

　오늘과 다른 나를 꿈꾼다면 그 꿈의 실현을 위한 첫 발걸음은 물리적 시간을 확보하고 그 시간을 나의 발전을 위해 쓰는 일에서부터 시작된다.

　나도 책 읽기에 매진하려니 시간 확보가 절대적이었는데 그동안 드라마를 보거나 잠만 자던 새벽 시간을 독서와 자기 계발을 위한 시간으로 바꾼 것이다.

　이런 아침형 인간이 되려면 책을 본다든지, 공부해서 책을 낸다든지 하는 확실한 목표가 있어야 지속할 수 있다. 아침형 인간의 좋은 점 두 가지는 다음과 같다.

　첫 번째는 아무에게도 방해받지 않는 나만의 시간을 하루에 적어도 3시간 이상 가질 수 있다. 두 번째는 아침의 시작이 빠른 만큼 자신감이 생긴다.

　사실 요즘은 새벽에 안 일어나고 일반적인 수면 패턴으로 지내고 있다. 회사에 다니던 예전과 달리 집에서 일하고 낮에 회사는 안 가지만 막내 아이를 돌본다.

누가 들으면 "하루종일 애 보고 집안일 하다가 저녁 8시부터 일을 한다고? 그게 가능해?" 라고 생각하겠지만 육아 퇴근 시간만 되면 눈이 초롱초롱해지고 신이 난다. 직장인들이 회사 퇴근할때쯤 점점 더 정신이 또렷해지는 현상과 매우 비슷하다.

그러고는 회사에 출근(?)해서 신나게 일을 하거나 조금 논다. 너무 피곤하면 아기와 같이 일찍 잤다가 새벽에 일어나기도 한다.

내 몸이, 마음이 가는 대로, 그리고 여건이 되는 대로 시간을 디자인하니 스트레스도 없고 효율도 높다. 스트레스를 안 받으니 아주 바쁠 때는 하루 3시간만 자도 별로 안 피곤하다.

아침형 인간은 생각보다 어렵지 않다. 꾸준히 실천하다 보면 몸이 아침형으로 바뀌고 그 생활에 금방 익숙해진다. 도저히 자기 계발을 위한 시간 확보가 어렵다면 아침형 인간에 도전해 보자.

1인 출판사로
살아남기

벌써 올해로 5년째 1인 출판사를 하고 있는데 사실 아직도 어떻게 하면 살아남을지 아침부터 밤까지 고민한다.

아니, 5년쯤 했으면 이런 걱정 없이 회사가 잘 굴러가 줘야 하는 거 아닌가? 하지만 현실은 생각보다 혹독하다.

이 글을 쓰고 있는 2019년 10월, 이번 달은 신간이 출간되어 매출이 지난달보다 조금 나아지긴 했지만 요 몇 달 매출이 좋지 못했다. 일단 작년 10월과 비교해도 신간이 나왔는데도 매출은 반 토막이다!

우리 출판사는 일본 관련 콘텐츠가 많은데 지난 7월부터 일본과의 관계가 나빠지면서 크게 영향을 받았다. 당장 다음 달도 걱정이다. 하지만 이번에도 어떻게든 잘 극복해 나갈 것이(라고 믿고 싶)다.

예전에 '꿈꾸는 만년필' 활동을 할 때 수업의 일부로 오프라인 모임이 있었다. 한 번은 출판사 대표님을 초대해서 책 출간과 출판에 관한 이야기를 나누었다. 모임이 거의 끝날 즈음 마지막으로 한 말씀 부탁드렸더니

"다음 달에는 또 어떻게 사나."

라고 하셔서 다 같이 웃었던 기억이 있다.

당시 그 출판사는 기존에 출판한 책도 많았고 꾸준히 신간을 내고 있어서 회사 경영에 큰 어려움은 없어 보였다. 그래서 웃으라고 하는 농담이거니 했는데 지금은 생각이 바뀌었다.

지금 내가 하는 고민은 그 대표님의 당시 생각과

비슷할 것 같다. 아마 출판사를 계속하면 앞으로도 내내 이런 고민과 걱정을 하게 될 것이다.

도대체 안전지대는 없어 보이는 이 일을 나는 왜 계속하는 것일까?

1인 출판사를 하고 싶어요
방법을 좀 알려주세요!

글쓰기 책은 아주 많이 나와 있고 계속 나오는데도 우리는 왜 여전히 글을 잘 쓰지 못하는 것일까?

출판사 만드는 방법 정도는 검색으로도 알 수 있고 지금 나와 있는 책들로도 정보가 차고 넘친다. 그런데 왜 1인 출판사로 성공하기는 어려울까?

사실 출판사를 창업하고 책 한두 권 내는 정도는 그리 어렵지 않다. 누구나 할 수 있다고 생각한다. 문제는 지속 가능성과 성공 가능 여부다.

이 책의 독자님은 첫 책이 대박 나서 나의 출판사는 순식간에 돈방석에 앉을 거라는 허황한 꿈을 꾸는 사람이 아니길 간절히 빈다.

만약 이런 생각을 하고 있다면 출판사를 해서는 안 된다. 돈을 버는 것이 목적이라면 다른 일이 더 낫다.

잘 팔리는 책도 좋지만 출판사라면 좋은 책 만들기를 지향해야 하지 않을까? 얼마 전 읽은 신문 기사에서 나남 출판 조상호 회장은 '1년에 500권 정도만 팔려도 좋은 책이다'라고 했는데 공감한다.

엄청난 물량 공세로 반짝 팔렸다가 사라지는 책보다는 꾸준히 팔리는 책이 독자가 그 진가를 알아보는 진짜 좋은 책이다. 흔히 '스테디셀러'로 불린다.

『책을 내고 싶은 사람들의 교과서』에도 '당장 팔리는 책은 쓰지 마라'라는 말이 나온다. 당면한 유행에 급급한 책이기 때문이다. 오래도록 살아남는 책을 쓰고 싶은 작가를 지향하라고 조언한다. 이 말은 출판사에도 유효하다.

세나북스도 오랜 기간 사랑받는 책을 내는 것이 목표고 아직 종수가 많지는 않지만 몇 권은 다행히 독자님들의 사랑을 받아 꾸준히 팔리고 있다. 4년째 꾸준히 팔리는 책도 있다.

출판사를 시작, 5~6종 정도 출간하더니 3년을 버티지 못하고 접는 분들을 가끔 본다. 그 이유가 무엇인지 각자 사정이 다 다르니 정확히 파악할 수는 없지만, 대표가 스스로 기획하는 능력이 부족하면 회사를 오래 유지하기 힘들다.

앞서 언급한 대로 책 만드는 실용적 기술은 1인 출판사를 만드는 일처럼 어렵지 않다. 누구나 조금만 공부하면 책을 만들 수 있다.

물리적인, 책의 겉모양이 아닌 알맹이, 콘텐츠를 어떤 내용으로 채울지 많이 고민해야 한다. 그리고 이 특별한 물성의 '책'이라는 상품을 잘 파는 방법을 알아야 한다.

가장 중요한 건 독자가 원하는 콘텐츠를 적절한 시기에 제공해야 하는데 책이 처음 만들어질 때부터 철저한 기획을 해야 한다.

어떤 책을 기획해야
팔릴 것인가?

기획이 중요하다고 강조했는데 그럼 어떤 책을 기획해야 팔릴까?

어떤 책이 인기가 있으면 비슷한 제목이나 내용의 책이 줄줄이 나오곤 한다. 업혀 가기 전략일까?

하지만 이런 방법을 쓰는 건 반칙이기도 하고 모양새도 좀 빠진다. 다른 출판사의 책과 비슷한 책을 내기보다는, 새로운 기획을 해서 기존에 없던 새로운 컨셉의 책을 내야 한다. 차별화를 해야 한다.

당장 인기 있는 책도 좋지만, 좀 길게 보는 안목도 필요하다. 이 시대를 지났을 때 중요한 역할을 했다는 평가를 받는 책을 내는 일도 굉장한 의미가 있다.

기획을 잘한다는 건 결국 독자가 원하는 콘텐츠를 잘 안다는 의미다. 그러기 위해서는 TV나 블로그, 인터넷 카페, SNS 등 사람들이 뭘 좋아하는지 은연중에 드러나는 매체를 열심히 보고 분석할 필요가 있다. 지금 뭐가 유행하는지만 잘 알아도 좋은 기획을 많이 할 수 있다. 유행한다는 건 사람들이 좋아하고 관심 있어 한다는 의미다.

1인 출판사 대표는 직접 책을 기획하고 콘텐츠에 관여해야 한다. 그래야 좋은 책을 만들 수 있고 출판사를 잘 운영할 수 있다.

이렇게 되기 위해서는 책을 많이 읽어서 축적한 교양과 지적 능력이 있어야 하고, 콘텐츠를 파악하는 능력이 있어야 하며 실행력 또한 있어야 한다.

기획력을 기르려면 출판사를 만들기 전부터 공부에 많은 시간을 투자해야 한다. 시간이 많이 필요하니 시간 활용 기술이 있어야 하고 기획 관련 공부도 많이 해야 한다.

책의 앞부분에서 1인 출판사와 직접 관련이 그다지 없어 보이는 시간 관리나 독서, 작가 수업에 대한 나의 경험담을 쓴 것도 출판 경험도 없고 출판을 할 능력이 부족했던 나에게는 이런 과정이 필요했기 때문이다.

만일 자신이 출판 기획을 할 수 있는 능력이 부족하다고 생각되면 반드시 실력을 기르기 위한 공부와 노력을 해야 한다.

내가 아는 한 1인 출판사 대표는 출간 기획을 스무 개 해놓고 출판사를 시작했다고 한다. 더군다나 이 대표님은 출판계에 오래 계신 분이다.

만약 출판 경험이 없거나 기획 능력도 없다면 출판사 운영이 쉽지 않을 것이라 짐작할 수 있다.

1인 출판사는 그냥 시작만 하면 쉽게 잘 할 수 있는 일이 절대 아니다.

번역서 출판이
1인 출판사가 거쳐야 할 정규 코스?

어떤 사람들은 1인 출판사나 작은 출판사가 처음에 자리를 잘 잡고 안정적인 운영을 하려면 괜찮은 외국 서적(외국에서 다른 나라 언어로 출간된 책)으로 번역서를 출간해야 한다고 말한다.

하지만 번역서 출간은 쉽지도 않을 뿐만 아니라 초기 비용도 국내서와 다르게 번역비, 계약금(선인세) 그리고 에이전시 수수료가 추가로 들어간다. 국내서보다 돈이 더 많이 들 수도 있다.

그리고 번역서 출간은 작가와의 끈끈한 관계를 맺기도 어렵다. 아마 서로 얼굴도 모르고 출간을 진행하는 경우가 대부분일 것이다.

책 한 권을 만들며 저자와 돈독한 관계를 잘 유지하면 나중에 그 저자와 계속 작업을 하고 좋은 책을 만들 수 있는 기반을 만들 수 있다.

신인 저자라면 서로 부족한 부분을 보완하며 출판사와 함께 성장하는 아주 좋은 윈윈(win-win) 관계를 형성할 수 있다.

신인 저자가 믿을만한 출판사를 만나면 책을 출간할 기회를 얻을 뿐만 아니라 창작에만 전념할 수 있다. 투고나 출판사 선정에 에너지를 낭비할 일이 없다.

출판사도 저자를 키운다는 보람을 느낄 수 있고 신뢰할 수 있는 저자에게서 원고를 안정적으로 받을 수 있다.

물론 책을 꾸준히 내는 외국 작가와 이런 관계를 맺는다면 마찬가지로 좋겠지만 좀 드문 경우일듯하다.

절대 간단하게 만들 수 있거나, 돈을 쉽게 벌어다 주거나, 확실한 성공을 보장해 주지도 않는 번역

서 기획에 처음부터 출판사의 모든 역량을 집중해
서는 안 된다. 외국에서는 그 책이 성공했다 하더라
도 한국에도 잘 먹힌다는 보장도 없다.

만약 출판사 대표가 어떤 외국책이 한국에서도
잘 팔린다고 정확히 판단하는 출중한 능력이 있다
면 번역서 출간을 진행해도 된다.

이런 능력이 없다면 다른 사람의 말만 듣고 번역
서 출간에만 너무 공을 들이기보다는 국내 저자를
키우고 함께 커갈 생각을 하는 편이 훨씬 더 국내
출판계의 성장뿐만 아니라 출판사의 발전에도 도움
이 된다.

1인 출판사는 나오자마자
망한다는데?

「기획회의」는 내가 정기구독하는 출판전문잡지인데 출판이나 출판사를 다닌 경험이 없는 내게 큰 도움이 되었다. 잡지에 밑줄을 그어가며 출판을 공부했다.

이 잡지를 읽으면 마치 친절한 출판사 선배가 옆에서 업무를 가르쳐주는 듯한 느낌을 받는다. 얼마 전에 읽은 「기획회의」 482권의 "시장에 나오자마자 사장당하는 신간"이라는 글(이하 '기사'로 지칭)에 큰 공감을 해서 그 내용에 대해 이야기하고 싶다.

나는 내가 하는 출판 일에 대해 "집에서 가내수공업을 합니다"라고 말해왔다. 농담이 아니라 거의

집에서 일하고 규모가 그리 크지 않으니 가내수공
업이라는 말이 내가 하는 업무를 표현하는데 그리
틀린 말도 아니다.

그런데 기사에 이런 내용이 나왔다.

전설적인 편집자였던 제이슨 엡스타인은 2001년에 펴
낸『북 비즈니스 : 출판의 과거, 현재 그리고 미래』에
서, 출판사는 디지털 기술로 말미암아 "이전과 같은 가
내공업의 장인과 같은 업무로 회귀할 수 있게 될 것"이
며, 미래의 책은 "대규모 출판사에 의해 만들어지는 것
이 아니라 편집자 또는 출판인으로 구성된 소규모 팀에
의해 만들어지게 될 것"이기 때문에 우리들은 현재 "출
판의 새로운 황금기의 입구"에 서 있다고 주장했다.

시류에 맞는 책을 빨리 만들기에는 큰 출판사가
유리하다. 작은 출판사는 1년에 많은 책을 내지는
못해도 적게 내는 만큼 한 권 한 권 정성이 더 들어
가고 나온 후에도 홍보를 오래 할 수 있다. 책은 정

성을 들여 만들면 어디가 달라도 다르다.

작은 출판사는 이런 부분에서 강점을 가진다.

기사에는 이런 말도 나온다.

나는 1인 출판사의 시대가 이미 왔다고 본다. 그러나 1인 출판사의 99.9%는 태어나자마자 죽는다. 준비가 없이 마구잡이로 뛰어들었기 때문이다. 확실한 준비를 한 1인 출판사 대표가 되려면 앞에서 말한 사냥꾼이 되어야만 한다. 미디어 분야의 사냥꾼은 1인 크리에이터의 자질부터 갖춰야 한다. 앞으로는 그런 자질을 갖춘 사람들이 세상을 주도할 것이다.

기사 내용처럼 1인 출판사는 성공확률이 낮다.

출판사 하겠다는 지인에게 "하지 마라"고 말하면 "너는 지금 출판사를 하면서 왜 남보고는 하지 말라고 하냐"라고 말한다.

기사에도 나와 있듯이 그냥 하지 말라는 말이 아니라 "준비를 아주 많이 하고 시작하세요!"라는 의미다.

　1인 출판사 대표는 대부분 본인이 편집자다. 또한, 크리에이터이자 콘텐츠 디렉터도 되어야 한다.

　요즘 대부분의 출판사에서도 이런 프로듀서형 편집자를 요구한다. 기존의 단순한 편집자 역할뿐만 아니라 사업을 일으키는 능력이 있고 프로듀서로서의 역량이 있으며 판권 관리, 전자책 제작, 거기에 강의까지 가능한 사람을 원한다.

　이는 거의 1인 출판사 대표의 역량과 다를 바가 없다. 만약 이런 능력을 갖추고 일을 아주 잘한다면 회사를 나와서 내 사업을 하는 편이 훨씬 나을 듯하다.

그래, 출판사 해서
예전만큼 잘 버시나요?

자주 듣는 질문이다. 사실 가장 궁금할 것 같다.

예전 직업은 정보기술(IT)업계 컨설턴트였다. 분야는 데이터 분석, 설계, 표준화, 모델링, 튜닝을 하는 일로 전망 좋은 직업이라고들 말한다.

하지만 남들이 하고 싶은 직업이고 미래 유망직업이면 뭐하나? 내가 재미가 없는데. 언제부턴가 흥미는 없어졌고 나는 새로운 직업을 가지게 되었다. 출판 기획, 편집, 제작 등을 모두 하는 1인 출판사 대표다.

주변의 반응은 아주 다양했다. 도대체 출판이나 글쓰기하고는 관련 없어 보이던 사람이 갑자기 책

한 권 쓰고 나더니 그다음에는 책을 팔고 있으니 특이해 보였을 것 같다.

다들 궁금해한다. 먹고는 사냐고. 심지어 친정 엄마까지 얼마 전에도 걱정스러운 목소리로 전화를 하셨다. 솔직히 대답하면 '그럭저럭 먹고 삽니다' 정도다.

수입도 수입이지만 지금 생활이 너무나도 만족스럽다. 일하는 시간이나 회사 다니면 못 하는 일에 대한 기회비용, 회사 다니며 받는 스트레스 등을 고려하면 수입도 예전과 그리 많이 차이는 안 난다.

일하는 시간은 회사 다닐 때의 3분의 2 정도나 그 이하이고 하고 싶은 일은 거의 다 하고 다니며 일하면서 받는 스트레스는 거의 없는 편이다.

출판의 큰 장점 중 하나는 내가 놀 때(?)도 책이 팔린다는 사실이다. 솔직히 아무 생각 없이 마음 편하게 노는 시간은 거의 없지만 말이다. 놀러 가서도 머릿속은 책을 팔 생각으로 가득 차 있지만, 내가 놀 때도 잘 때도 책이 팔리는 건 사실이다.

신문을 보다가「적게 일하고 많이 버세요 (중앙일보 2019.01.03)」라는 칼럼을 읽었다. 요즘 젊은이들이 줄임말로 '적일많버'라고도 한다.

『일의 기쁨과 슬픔』이라는 단편소설에도 이 말이 나오는데 책을 쓴 장류진 작가가 정보기술업계 출신이고 소설도 판교 벤처밸리에서 일하는 사람들 이야기라고 해서 읽어봤다.

소설 끝부분에 '선생님, 사시는 동안 적게 일하시고 많이 버세요'라는 말이 나온다. 우리는 이 말에 무한정 공감하지 않나 싶다. 특히 요즘 같은 시기에는 말이다.

칼럼에는 이런 말도 나온다.

많이 버는 방법은 두 가지다. 시간당 임금을 많이 받거나 내가 놀아도 돈이 돈을 버는 것. 전자는 소위 '선망하는 직업'을 갖는 것이고 후자는 불로소득에 대한 열망이다. 둘 다 노동을 최소화하는 게 최고라는 생각이 깔려 있다.

출판이 불로소득은 아니지만, 작가님들은 인세를 불로소득이라고 생각하는 경향이 있다. 어찌 되었건 한 번 책을 쓰면 계속 인세는 발생하니까 말이다.

　　사실 정보기술업계는 야근이 필수이자 동반자다. 예전에는 그 많은 야근과 잔업을 어떻게 다하면서 두 아이를 키웠을까 싶다.

　　'적게 일하고 많이 벌자'가 새해 덕담으로 아주 잘 어울린다는 생각이 든다.

　　칼럼의 내용처럼 많은 사람에겐 '적일많버'가 불가능한 일이지만 일만 너무 많이 하다가 정작 중요한 그 무엇을 잃고 싶지 않다는 욕망이 어느 때보다 강한 시대다. 워라밸(work-life balance, 일과 삶의 균형)을 중요시하는 이런 추세는 절대 후퇴하지 않고 사람들은 더 이것을 추구하게 될 것이다.

　　나도 적게 일하고 많이 벌고 싶다. 아니, 그나마 나는 프리랜서 같은 자유로운 몸이고 내가 좋아하는 일을 한다는 자체만으로도 감사한다.

1인 출판사를 해도
될까요?

출판사를 해도 될까요? 라는 질문을 많이 받는데 나는 일단 말린다. 앞에서도 강조했지만, 창업 전에 준비를 아주 많이 해야 한다. 변수도 많고 자금도 생각보다 많이 든다.

출판에서의 변수는 우리가 통제 가능한 영역을 사실상 벗어나 있다. 위험성이 높다는 의미다. 이 변수에 어느 정도까지는 대응할 수 있는데 그러려면 미리 많은 준비를 해야 한다.

출판으로 먹고살게 되기까지는 만만치 않은 여정이며 운도 좀 따라야 한다. 아주 잘 먹고살게 되기까지는 더 힘들다.

일단 궤도에 오르면 정말 내가 왜 이걸 더 일찍 하지 않았나 싶기도 하지만 그렇게 되기까지는 절대 쉽지 않다.

그리고 궤도에 오르고 나면 유지하기 위해 쉴 새 없이 또 달려야 한다. 어떤 어려움에도 버틸 각오, 끝까지 포기하지 않고 달릴 마음의 준비가 필요하다.

이렇게 아는 척 말하고 있지만 나도 충분히 준비해서 출판을 시작하지는 못했다. 당연히(!) 고생을 많이 했다. 그래서 이제 시작하려는 분들에게 많이 준비한 후에 시작하기를 당부하고, 일단 시작하고 보자는 생각은 절대 금물이라고 강조하고 싶다.

1인 출판사를 하려면
텍스트를 장악해야 한다

메모나 일기에 지금 하고 있는 생각을 꼭 써놓아야 한다. 대부분의 사람은 자신이 뭘 좋아하고 뭐가 되고 싶은지 정확하게 잘 모른다.

시간이 지나 메모나 일기를 읽어보면 지난날의 내가 어떤 욕망을 품었는지 확실하게 알 수 있다.

나도 미처 알아차리지 못했지만 아주 예전부터 출판사를 하고 싶다는 욕구가 있었던 것 같다. 이런 사실이 신기하기도 하고 재미있기도 하다.

기존에 출판업계에서 일하다가 1인 출판사를 하면 분명 유리한 점이 많다. 나처럼 출판사에 다녀본 경험도 없고 책 만드는 일에 대해 전혀 모르는 상태에서 1인 출판사를 하려는 분들도 꽤 많다.

어떤 쪽이든 1인 출판사를 하려면 일단 텍스트를 장악해야 한다.

텍스트를 장악한다는 것은 글을 잘 쓰거나, 적어도 어떤 글을 읽고 이 글이 좋은 글인지 나쁜 글인지 바로 판단할 수 있는 수준의 문해력이 있다는 의미다. 보통 텍스트 이해력이 좋다고도 표현한다.

다른 사람이 쓴 글을 편집자 수준으로 교정, 교열, 윤문 할 수 있어야 한다. 1인 출판사를 준비하면서 많은 분이 편집, 디자인 등 주요 작업을 외주로 주겠다는 생각도 하는데 물론 가능하지만 이러면 솔직히 문제가 많다.

다 외주를 주면 그 비용이 감당되는지 의문이다. 나도 아주 특별한 경우를 제외하고 모든 과정을 직접 다 하고 있다. 솔직히 디자인은 외주를 주면 더 좋은 품질을 뽑을 수 있다.

하지만 원고 교정, 교열, 윤문을 포함한 편집은

아무리 생각해도 아직은 외주를 주기가 힘들다.

비용도 비용이지만 외부 전문가가 내가 원하는 방향으로 원고를 잘 고칠 수 있을지 확신이 들지 않는다. 얼마 전, 네이버 카페 '꿈꾸는 책공장(https://cafe.naver.com/bookfactory)'에 좋은 프리랜서 편집자 구하기가 너무 힘들다는 글이 올라왔다.

이 글에 달린 댓글들이 아주 의미심장했는데, 쓸 만한 편집자 구하기가 어려운 이유를 알 것 같았다.

만약 누군가가 좋은 편집자를 알고 있다 해도 아무에게도 소개해 주지 않는다는 것이다. 왜냐하면 자신이 그 사람을 써서 일해야 하기 때문이다!

그만큼 글을 잘 고치는, 일 잘하는 편집자 구하기가 힘들다는 의미일 것이다.

올해 초에 출간한 『다카마쓰를 만나러 갑니다』는 초고가 아주 마음에 들었다. 글의 완성도도 높았다. 별로 고칠 것도 없겠는데? 라고 생각했는데도 자세히 검토하며 작가님과 내가 완벽하게 마음에 들 때까지 고쳤다. 시간도 제법 걸렸다.

나는 구체적으로 글 수정 횟수를 세어보지 않았지만, 출간 후 독자님들과 만난 자리에서 작가님 말씀이 "한 서른 번 고쳤어요"라고 말씀하셔서 놀랐다. 외주를 준다면 이 정도까지 고치면서 원고의 완성도를 높일 수 있을까? 쉽지 않은 일이다.

그러니 적어도 1인 출판사 대표는 출판하려는 책에 대해 전 과정을 장악하지만, 특히 글 위주의 책이라면 텍스트를 완전하게 장악하고 독자에게 자신 있게 내놓을 수 있을 정도의 품질을 보장해서 선보여야 한다.

표지가 중요하니 디자인이 어쩌니 하지만 (물론 이 부분이 중요하지 않다는 의미는 아니다) 책은 어찌 되었든 내용, 콘텐츠가 좋아야 한다. 그리고 잘 읽혀야 한다. 이 부분에 대해서는 출판사 대표가 책임을 져야 한다.

1인 출판사를 하려면 반드시 글쓰기 공부, 교정, 교열, 윤문 공부를 하고 시작하자. 이 부분은 아무리 강조해도 지나치지 않다.

출판사를 하려면
문제 해결 능력이 필요하다

보통 1인 출판사에 도움이 되는 책을 쓴다고 하면 출판 지식에 관한 내용을 기대할지도 모른다.

하지만 출판 일을 잘하기 위해서는 지식만으로는 부족한 플러스알파 요소가 필요하다. 그게 무엇인지 안다면 1인 출판사를 하는 데 도움이 될 것이다.

여전히 많은 사람이 1인 출판사를 하다가 실패하고, 실패가 두려워 시도조차 망설인다.

그 이유는 무엇일까? 이 질문의 답으로 내가 경험한 내용이 도움이 되리라 생각한다.

많이 받는 질문 중 하나가 "그래도 회사 다닌 경

험이 지금 출판사 하는 데 도움이 되지 않나요?"

대답은 "물론 그렇습니다!"

8년간 데이터 아키텍처 컨설턴트로 일하면서 프로젝트마다 다양한 산업 분야의 일을 접했다. 이 모든 경험이 지금 하는 출판 일에 도움이 되었다.

특히 회사 다니면서 "일 잘하는 사람은 평범한 사람과 뭐가 다른 것일까?"라는 주제에 관심이 많았다. 일 잘하는 사람을 만나면 '저 사람만의 특색과 뛰어난 능력의 원천은 무엇일까?'라고 궁금해하며 자세히 관찰하곤 했다.

만약 회사에서 일을 잘했던 사람이라면 다른 분야의 창업은 물론, 출판사를 시작해도 잘할 확률이 높다. 내가 만났던 일 잘하는 사람들은 공통된 특징이 있었다. 모두 '문제해결능력'이 뛰어났다.

『세계 최고의 인재들은 왜 기본에 집중할까』는 골드만삭스, 맥킨지, 하버드 비지니스 스쿨을 경험한 도쓰카 다카마사라는 사람이 쓴 책이다.

저자는 이 세 곳을 다닌 경험으로 창업을 해서

2007년 이후로 계속 회사를 이끌어오고 있다. 이 책에 의하면 맥킨지에서는 신입사원 시절부터 강도 높은 업무 트레이닝(훈련)이 이루어진다고 한다.

덕분에 3~5년 정도만 다니면 다른 회사로 이직이 가능한 실력이 되거나 창업을 할 정도의 실력이 길러진다고 한다. 외국계 컨설팅 회사에서는 일 잘하는 기술을 더 쉽게 배울 수 있다는 장점이 있다.

회사는 입사한 사람에게 자기들이 가진 노하우를 아낌없이 줄 수 있는 문화를 가지고 있어야 한다. 적어도 내가 다녔던 회사나 같이 일했던 회사들은 이런 부분에서의 역량이 많이 부족했다. 사실 이런 문화가 없다기보다는 인재를 키우는 능력이나 시스템이 부족하다는 말이 더 맞을 것 같다.

회사에 다닐 때 굉장히 일 잘하는 이사님이 계셨는데 이분도 문제해결능력이 뛰어나고 창의적이었다.

아무리 어렵고 복잡한 일이 있어도 문제의 본질을 파악하고 기존의 지식을 잘 응용해서 해법을 제시하는 모습을 보고 감탄했다.

　이 이사님과 한 번이라도 같이 일했던 고객은 새로운 일이 생기면 다른 사람이 아닌 이사님을 꼭 자기네 회사 프로젝트에 보내 달라고 부탁할 정도였다.

　출판도 마찬가지라고 생각한다. 단순한 지식만으로 풀리지 않는 문제가 많은데 그럴 때마다 나만의 독창적인 방식과 노하우를 가지고 창의적으로 해결해야만 한다.

지금 있는 곳에서 최고가 아니라면
출판사를 해도 힘들다

1인 출판사라도 큰 출판사에서 하는 일은 다 해야 한다. 마치 혼자 살아도 살림살이는 다 갖추어야 하는 것과 같다.

대충 생각해봐도 1인 출판사가 해야 하는 일은 백 가지도 넘는다. 더군다나 시시때때로 의사 결정을 해야 하며 다양한 문제들이 예고도 없이 수시로 발생한다.

만약 문제해결능력이 없거나 회사에 다니면서 일을 잘 못 했던 사람이라면 과연 이런 어려움을 잘 헤쳐나갈 수 있을까?

사람들은 다른 사람에 대한 평가에는 인색하면

서 자기 자신에 대해서는 아주 관대한 이상한 습성이 있다. 회사 다닐 때 일을 잘 못 했다면 창업은 일단 보류하자.

> "지금 있는 곳에서 최선을 다해 최고가 되라, 그리고서 그곳(회사)을 떠나라"

라는 오래전부터 내려오는 아주 훌륭한 말씀이 있다. 사람들이 일과 관련해서 회사를 그만두는 이유는 크게 두 가지다. 일을 잘 못 해서 그만두거나 일을 잘해서 더 좋은 직장을 찾아가거나 둘 중 하나다. 더 좋은 직장은 때때로 창업을 의미한다.

솔직히 나도 신입사원 때부터 수년간은 형편없는 능력의 회사원이었다. 인정도 받지 못하는 회사에서 도망가고 싶었고 일 잘하는 동료가 너무 부러웠다. 하지만 다른 곳에 가봐야 결과는 마찬가지일 거란 생각이 들었다.

이직을 꿈꾸는 사람 중 대부분은 지금 있는 회사

에서 일을 잘 못 하고 있거나 인정 못 받는 사람이다. 그러면서 '내가 여기서 이런 취급을 받으니 다른 회사에 간다' 이러고 있는데 큰 착각인 경우가 대부분이다. 자신을 절대 과대평가하지 말자.

1인 출판사를 해서 대박을 터트리려는 허황한 꿈도 절대 꾸면 안 된다. '책 하나만 성공하면!' 하고 생각할 수 있지만 그런 대박은 결코 쉽게 만들어지지 않는다. 아니, 만들 수가 없다.

우주(?)의 오묘하고 영험한 기운을 받지 않고 대박이나 베스트셀러는 쉽지 않다. 그건 인간계의 영역이 아닐지도 모른다!

에피스테메(지식)와
테크네(비언어화 기술)와 1인 출판사

"나는 정말 책을 좋아하고 즐겁게 책을 만들 수 있으며, 지식이나 교양에 대한 욕구가 평생 사라지지 않고, 새로운 아이디어를 매번 창출할 수 있는가?"

책 만드는 과정을 즐기고 매 순간이 즐겁지 않으면 출판 일을 계속할 수 없다.

출판을 하려면 지식, 즉 '에피스테메'도 필요하지만 '테크네', 몸으로 습득하는 비언어화 기술도 요구된다. 아마 다른 일도 모두 마찬가지일 것이다.

앞에서 시간을 확보해서 책을 읽고 글쓰기 공부를 하고 출판사를 해야 한다고 주장한 이유도 테크네와 관련이 있다.

좋은 글을 알아보고 아이디어를 계속 창출하려면 1인 출판사 대표의 '내공'이 필요하다.

작가를 섭외해서 글을 쓰게 하고 편집자, 디자이너를 모아서 책을 만드는 일은 누구나 할 수 있다.

하지만 책을 기획하면서 이 기획이 전체 사회, 출판계에 어떤 영향력을 가지게 되며, 이 책을 읽어줄 독자의 반응도 어느 정도는 예상할 수 있어야 한다.

출간 전후에 이 책은 어떤 마케팅을 해야 적절할 것인가에 대한 총체적인 감도 있어야 한다. 이런 능력은 단순히 외부에서 습득한 지식만으로는 길러지지 않는다.

여러 방법으로 이런 감을 기르기 위한 노력을 충분히 하고 난 뒤에 출판을 시작해야 하며, 이런 노력을 평생 할 각오를 해야 한다.

또한, 이런 노력의 과정이 즐거워야 꾸준히 해나갈 수 있다.

1인 출판사를 하기 전에 반드시 이런 일련의 과

정과 작업을 내가 잘 할 수 있고 좋아하는지 면밀한 검토가 필요하다.

출판을 잘하기 위한 공부가 끔찍이도 싫다면 과연 출판을 할 수 있을까? 쉽지 않아 보인다.

일기와 메모의 힘은
위대하다

일기를 그전에도 가끔 쓰기는 했지만 2011년 이후로 더 열심히 썼다.

지난 일기를 읽어보면 너무 재미있다. '아, 내가 전에도 이런 생각을 했구나!', '어, 이건 최근에 내가 이룬 내용이야, 신기하다'

글로 쓰거나 주변에 자주 자신의 결심을 이야기하면 이루어질 확률이 높다고 한다. 메모나 일기에도 그런 힘이 있다고 믿는다. 일기를 써야 하는 이유 중 하나다.

나는 밤에 일기를 쓰기보다는 새벽에 하루 전에 있었던 일에 대한 일기를 쓴다. 하루하루의 일기가 모여 내 인생의 기록이 완성되는 느낌이다.

어떤 형태로든 기록을 남기지 않으면 내가 어떤 생각을 했고 구체적으로 무슨 일을 했는지 1년만 지나도 잘 생각이 나지 않는다. 끊임없이 자기 생각을 다듬고 결심을 되새기려면 글로 써서 남겨야 한다.

예전에 쓴 일기와 메모를 다시 펼쳐보면 좋은 아이디어도 많이 보인다. '내가 이런 생각을 했었나?'

얼른 지금 쓰는 수첩에 예전에 쓴 내용 중 눈에 띄는 내용을 다시 베껴 적는다. 이렇게 몇 번 하다 보면 기억에도 오래 남는다.

메모와 일기는 생각보다 힘이 세다. 내가 진정 원하는 일이 무엇인지 찾게 해주고 머릿속을 날아다니는 생각들을 정리해 준다. 적어놓지 않으면 사라지는 좋은 생각을 되새기게 해준다.

집안일을 하거나 차를 몰고 가다가 좋은 아이디어가 머리를 스치면 얼른 필기하거나 잊어버리지 않으려고 몇 번이나 되새긴다.

이렇게 언뜻 스치는 아이디어를 절대 놓치면 안

된다. 가끔 끝내주는(?) 생각을 했는데 적어놓지 않아서 다시 떠오르지 않을 때는 정말 환장할 지경이다.

메모하는데 특별한 노하우도 필요 없다. 수첩에 적거나 핸드폰 메모장에 필기하면 된다. 그리고 반드시 주기적으로 다시 읽어본다. 이런 메모나 일기는 책을 쓸 때도 큰 도움이 된다.

회사를 그만두고 앞으로 뭘 하고 살아야 하나 앞날이 막연했던 시기, 아는 작가님과 카페에서 이야기를 나누다가 "출판사를 해야겠어요!" 하고 처음으로 입 밖으로 결심을 내뱉었다.

하지만 이미 그 전에 쓴 일기를 보면 곳곳에 "출판사 하고 싶다" 심지어 2014년 6월 일기에는 "일본 전문 출판사도 좋겠다" 이런 말까지 적혀 있었다.

이미 무의식은 오래전부터 출판을 바라보고 있었지만, 의식에 가로막혀 제대로 자신의 욕망을 알아차리지도 못했다.

나의 희망 사항과 아이디어를 일기와 메모에 적

어보자. 메모에는 뭘 적어도 좋다. 책을 읽다가 좋았던 구절이나 TV에서 나온 인상 깊은 내용도 좋다.

특히 책을 많이 읽고 좋은 콘텐츠를 접하면 아이디어가 마구 솟구치는데 이럴 때 열심히 적어놓아야 한다.

주기적으로 메모한 내용을 읽어보며 다시 정리하면 더 좋다. 몇 개월 후에는 정말 깜짝 놀랄 결과를 얻을 수 있을 것이다.

생각은 이리저리 마구마구 튀는 럭비공 같아서 내 생각을 나 자신도 다 잡지 못한다. 어딘가에 적어놓아야 한 곳에 얌전히 있게 된다. 적어 놓고는 다시 봐야 내 손에 잡히고 머리에 남는다. 이렇게 하지 않으면 아깝게도 그냥 사라져 버린다.

나는 이렇게 모은 아이디어를 책을 만드는데 잘 활용하고 있다.

자비출판을 하겠다는데도
출판을 안 해주는 이유는?

얼마 전에 한 작가님이 물어보셨다. 아는 사람이 자비출판을 한다는데도 어떤 출판사가 안 해준다며 왜 그런지 궁금해하셨다.

사실 작가들도 출판의 대체적인 프로세스에 대한 기본 지식은 가지고 있어야 하고 공부를 조금 해야 한다.

작가님의 지인은 투고해도 채택해 주는 출판사가 없었거나 투고 과정이 너무 귀찮아서 자비출판을 선택했을 것이다. 그렇다면 이 원고는 책으로 만들었을 때 잘 팔린다는 최소한의 보장은 없다고 보인다.

자비출판이고 아니고를 떠나서, 출판사 사장 입장에서 안 팔릴 책을 만든다는 건 정말 맥빠지고 성가신 일이다. 안 팔릴 줄 알면서도 사회적으로 의미가 있는 책은 출간한다는 출판사도 있는데 정말 존경한다. 쉽지 않은 일이다.

자비 출판해서 그나마 작가가 많이 사주기라도 하면 다행이지만 안 그런 경우도 많다. 출판사는 안 팔리는 책이 있으면 이 책 때문에 비용이 계속 증가한다. 팔리지 않고 반품만 계속되면 반품되는 비용도 부담해야 하고 책은 계속 보관해야 하니 창고비도 든다.

아주 가끔 출판해달라는 부탁을 받는데 다 거절한다. 안 팔릴 책을 출판했다가는 너무 힘들기 때문이다. 심지어 어떤 작가는 자비 출판한 책이 안 팔린다고 출판사 사장에게 뭐라고 불만을 이야기했다고 하는데 이건 좀 문제 있는 행동이다.

이런 경우 출판사도 판단을 잘 못 해서 일종의 묻지마 투자를 했는데 (아무리 자비출판이라도 출판사의 노력과 시간이 들어가니 투자라고 생각한다) 안 그래도 책이 안 나가서 속상한 마당에 작가까지 불만을 이야기하면 출판사 입장에서는 기가 막힌다. 나중에 이런 작가와는 출판사가 같이 일하려고 하지 않는다.

작가와 출판사는 서로 신뢰를 쌓아야 한다. 작가는 출판사와 좋은 관계를 잘 유지해야 기회를 잡을 수 있다. 어차피 일이란 사람과 하는데 같이 일하는 출판사와 서로 내가 잘했느니 네가 잘했느니 해봐야 좋을 것 하나 없다.

그리고 어떤 작가는 책 내는 일을 너무 쉽게 생각한다. 무조건 연락해서는 자기가 이런 책을 생각하고 있는데 같이 내면 어떠냐고 말하는데 이러시면 정말 곤란하다. 출판사도 나름 출판사 색깔이 있고 주력 분야가 있으며 당장 다른 책의 출간 계획이 있다.

최근에도 한 작가님이 이런 글을 쓰고 있다고 책으로 내자고 말했지만 그건 글이 다 완성되고 작가님이 출간 기획서를 아주 잘 작성하셔야 가능한 일이다. 왜 출판사가 책을 내는 일이 쉽다고 생각하는지 모르겠다. 글 다 쓰시면 여러 군데 투고해 보시라고 말씀드렸다.

앞으로도 세나북스는 직접 기획하거나 작가님과 같이 기획한 책이 아니면 출간하기 힘들 것 같다.

가끔 투고도 오는데 건질만 한 원고는 거의 없다. 이런 출판사의 속내를 알아야 투고도 성공할 수 있다.

사실 출판사는 신간을 밀어내야 자금이 순환되기에 매출을 신간에 의존하는 회사도 많다. 하지만 신간이 아닌 구간이 반드시 같이 나가줘야 한다. 그러기 위해서는 직접 책을 기획하는 것이 좋다.

투고로 오는 원고 대부분은 묻지마 투고다. 도대체 우리 출판사에 소설은 왜 보내는 것일까? 출판사의 눈과 귀를 쏙 빼놓을 정도의 콘셉트와 마케팅 방법 없이 투고가 출판까지 이어지기는 힘들다.

자비출판 하려면 아예 자비출판만을 전문으로

하는 출판사에 의뢰하면 일도 쉽게 진행되고 가격도 합리적이다.

어떤 출판사는 자비 출판을 해 준다며 큰돈을 요구하기도 하는데 작가가 자신의 원고에 자신 있으면 돈을 많이 들여서 출간하면 안 된다. 어떻게든 내 원고를 출간해 줄 출판사를 찾아야 한다. 책을 낸다는 것이 결코 쉬운 일이 아니다.

그리고 책을 출판사가 팔아야 한다는 생각도 바뀌어야 한다. 저자가 책을 팔 수 있는 능력 (뛰어난 글이나 사진, 인지도, 마케팅 능력, 블로깅이나 SNS 활용 능력)이 있어야 한다. 나도 저자를 선택할 때 이런 점을 많이 고려한다. 고려하지 않을 수가 없다.

이제 책을 만드는 일 자체는 처음 시작할 때보다 많이 알게 되어 쉬워졌지만, 출판이 무엇인지 조금 알게 되니 새로운 관점에서 많은 검토 사항이 보인다. 예전보다 출판을 바라보는 눈도 생기고 무엇이 가장 중요한지도 알게 되었다. 그래도 아직 공부할 내용이 너무 많다.

작가가 되려면
인플루언서가 되어야 한다

10년 넘게 출판계에 몸담다가 시작해도 힘들어 하는 1인 출판사. 그나마 내가 지금 잘 버티는 이유는 딱 한 가지다. 작가님들 덕분이다. 그냥 하는 소리가 아니라 진심으로 그렇게 생각한다. 나를 믿고 우리 회사를 믿고 나에게 좋은 원고를 써주시는 작가님들 덕분에 힘이 나고 출판사도 유지되고 있다.

나무 작가님과 박현아 작가님이 큰 활약을 해주고 계신다. 두 분은 각각 옴니버스 에세이집『한 번쯤 일본에서 살아본다면』과 『걸스 인 도쿄』덕분에 만날 수 있었다.

애초에 옴니버스를 기획한 건 신인 작가와 함께

성장해보자는 취지도 있었는데 적중한 것 같아 내심 뿌듯하다. 하지만 옴니버스 책 덕분에, 그리고 세나북스와 만났기에 두 분이 단독 저자로 우뚝 선 것은 아니다.

두 작가님은 나와 책을 내기 이전부터 '인플루언서'였기에 단독저작을 내도 성공할 수 있었다.

두 작가님은 개인 블로그를 통해 이미 "팬덤(가수, 배우, 운동선수 등의 유명인이나 특정 분야를 지나치게 좋아하는 사람이나 그 무리)"을 형성하고 있었다.

작가가 되기를 원하는 분들께 나는 항상 말한다. 블로그나 SNS를 꼭 하시라고 말이다. 저자가 팬덤을 형성할 만한 콘텐츠를 가지고 남다른 매력을 발산하지 않으면 출판사도 마케팅에 한계가 있을 수밖에 없다.

역시 옴니버스 책이었던 『일본에서 일하며 산다는 것』을 통해 열네 분 작가님과 함께 작업했을 때, 내가 손댈 곳이 별로 없을 정도로 완성도 있는 글을 쓰는 작가님들이 계셨다. 이런 분들은 미래의 단독 저자다.

앞으로도 작가님들과 함께 좋은 책을 만들기 위해 노력할 것이다. 내가 출판사를 하는 이유 중 하나는 작가님들의 꿈을 이루기 위함이다. 저자가 되는 꿈이기도 하고 작가님의 전문성을 책으로 드러내고 그에 따른 부가적인 명성도 포함하는 넓은 범위의 꿈도 의미한다.

작가님의 책을 통한 성취는 바로 우리 출판사의 꿈을 이루는 일이기도 하다. 나는 작가님들과의 출간 작업으로 세나북스라는 브랜드의 이름을 높이고 작가님과 함께 성장한다는 성취감을 얻는다. 앞으로도 다양한 시도로 많은 작가님과 신선하고 멋진 만남을 이어가고 싶다.

◦ 인플루언서 : 영향력 있는 개인을 의미한다. SNS상에서 수많은 팔로워를 보유한 사람을 주로 의미하지만 다른 방식으로도 트렌드를 선도하거나 다른 사람들에게 영향을 미치면 인플루언서라고 할 수 있다. 일반적으로 콘텐츠를 생산하는 '크리에이터형 인플루언서'와 패션, 뷰티 분야의 '모델형 인플루언서' 정도로 분류하는 듯하다.

프리랜서나 1인 출판사가
좋은 이유

회사가 잘 맞는다는 사람도 있다. 누구에게나 프리
랜서나 1인 출판사가 잘 맞는다는 건 말도 안 된다.

회사에 다니면 좋은 점도 엄청나게 많다. 일을
아주 열심히 하지 않아도 (물론 계속 이러면 잘린다) 월
급이 매달 꼬박꼬박 나온다. 월급은 마약이다.

과장 직급 정도 되면 연봉이 꽤 되기에 뭔가 새
로운 일을 하기는 더 어려워진다. 그 많은 연봉을
어떻게 불확실성과 바꿀 수 있겠는가! 평범한 사람
의 배포로는 쉽사리 그딴 결정을 내릴 수 없다.

아무리 생각해도 나는 직장 생활과 잘 안 맞는
다는 생각이 자꾸 고개를 든다면, 다른 방식으로 살

궁리를 빨리 해야 한다.

몇 년씩 이런 문제를 고민하는 사람도 있을 것이다. 고민은 짧게, 준비는 길게, 실천은 단박에 해야한다. 물론 나는 이런 분들께 빨리 직업을 바꾸라고 적극적으로 권장한다.

1인 출판사를 해보니 무엇보다 좋은 점이 있다. 인생의 밀도가 올라간다. 이게 무슨 말인지 이야기해보자.

회사에 다니면 내 자유의지로 할 수 있는 일에 한계가 있고 남이 결정한 일을 따라 하거나 시간 낭비가 많다. 특히 직급이 낮을수록 이런 환경에 처할 확률이 높다.

나의 신입사원 시절만 보더라도 지금 생각해 보면 좀 어이없을 정도로 쓸데없는(?) 일들을 많이 했다. 부장님이 시키는 팩스 심부름(회사 업무 아니고 부장님 개인 용무였다)에 주말에 회사 야유회 참석하기(이게 왜 회사 일의 연장인가! 산이나 바다 가서 먹고 놀고 오는 게 다인데) 등, 내 인생과 커리어(경력)에 도움도 안 되는 허드렛일에 시간 낭비를 해야 했다.

직급이 올라가서 부장쯤 된다 해도 허드렛일이 없는 것도 아니다. 회사가 원래 그런 것 아니냐, 어떻게 매실 원액처럼 엑기스가 되는 일만 할 수 있느냐고 하면 할 말은 없다. 하지만 지나고 나서 보니 가능한 이런 생활은 짧게 해야 한다는 확신이 든다.

인생, 별로 안 길다.

공부에 비유하자면 '자기주도 학습'을 생각하면 된다. 아이들은 학원에 다니거나 인터넷 강의를 들으며 공부한다. 혼자 공부하기 어렵고 이해하기 어려운 내용이 있다면 당연히 이렇게 학습해야 한다.

하지만 학생이든 성인이든 가장 좋은 공부는 자기주도 학습, 즉 스스로 책보며 하는 공부가 최고다. 일에서 자기주도 학습은 바로 프리랜서나 자영업이다. 넓은 의미에서 프리랜서도 자영업이다.

혼자서 다 하면 일을 배우는 밀도가 아주 높다. 같은 기간에 회사 인간보다 일을 더 많이 배운다. 일에 대한 내공 기르기에는 회사 다니기보다 자기

일을 하는 편이 훨씬 효율이 높다.

회사에 다니면 주어진 일만 잘해도 100점 만점에 80점은 넘는다. 시키는 일도 잘 못 하는 사람이 수두룩하다. 이게 실력의 문제인지 마음가짐의 문제인지는 잘 모르겠다.

일을 아주 완벽히 잘해도, 좀 못해도 월급은 나온다. 물론 나중에 점점 연봉 차이가 벌어질지는 모르지만, 그 폭이 아주 크다고 할 수는 없다.

회사에서 같이 일해 본 경험으로는 프리랜서들은 대체로 일을 어느 정도 수준은 해냈다. 그 정도도 하지 않으면 다음 일을 할 때 고객이 불러주지 않는다.

가끔 프리랜서인데도 일을 잘 못 하는 사람을 봤는데 그런 사람은 아주 문제가 심각하다. 조만간 생계를 걱정해야 할 것이다. 솔직히 무슨 배짱인지 모를 신기한 사람들이다.

자영업을 하면 일을 열심히 하지 않을 수 없기도 하지만 모든 중요한 결정이나 문제 해결을 자신의 힘으로 해내야 한다. 원하지(?) 않아도 엄청난 내공, 암묵적 지식이 매일매일 쌓인다.

그리고 가장 중요한 포인트, 하고 싶지 않은 일은 안 해도 된다. 너무 하기 싫거나 능력이 부족한 일은 외주를 주면 된다. 선택과 집중이 가능하다.

나는 대부분의 출판 일을 직접 처리하고 회계 같은, 잘 모르고 귀찮은 부분은 외부 전문가에게 맡기고 있다. 지금은 일 년에 4~5권 정도 출간하기에 모든 일을 혼자 다 하지만 나중에 일이 더 많아지면 디자인 등 일부 일은 외주를 맡길까도 생각 중이다.

인생의 밀도를 높이는 방법의 하나는 우리가 하루 대부분을 보내는 직장에서 효율적으로 일하고 아주 만족스러운 결과를 얻거나, 만약 직장에서 이런 일이 가능하지 않다면 자신의 사업을 하는 것이다. 회사에서 주어진 과제만 해결하면 일을 배우는 속도도 느리고 주체성도 기를 수 없다.

할 일을 스스로 정해서 주체적으로 하면 자신의 노력 여하에 따라 상상을 초월하는 속도로 일 배우기도 가능하다.

　자신의 성향에 맞게 잘 판단해서 회사원으로 살
아남을 것인지 프리랜서나 1인 출판사가 될 것인지
를 정해보자.

출판사 대표는
사람을 많이 만나고 다녀야 한다

출판을 시작했지만 제대로 돈을 못 벌던 시간이 꽤 길었다. 2015년부터 2017년 중반까지는 책을 내긴 했지만, 자비출판을 전문으로 하는 출판사를 이용해서 8권을 출간했다. 이 출판사에서는 1인 출판사를 위한 서비스를 제공하고 있었다.

이 방법은 일단 출간 비용이 적게 든다. 편집과 디자인도 다 해주니 편하고 좋았다. 물론 나도 같이 편집 작업은 했다. 더군다나 출고도 대신해 주고 재고 관리도 다 해주니 책 만드는 일만 신경 쓸 수 있었다. 창고 비용도 당연히 들지 않았고 추가 인쇄 비용도 없이 책이 계속 나가는 한 무한 발행해 주는 시스템이다.

우리 회사 이름만 걸고 다른 출판사에서 책을 내는 방식이기에 책이 팔리면 인세를 받았다. 책 만드는 데 최소한의 비용을 쓰고 출판 수업을 받은 셈이다. 만약 내가 이 책들을 직접 다 제작하고 관리했다면 비용 부담 때문에 오래 못 버티고 출판사를 그만뒀을지도 모른다. 왜냐하면, 이 책들이 다 잘 나간 것은 아니기 때문이다.

제법 잘 나가는 책도 있었지만 직접 판매가 아니다 보니 인세로 받는 돈은 한 달에 30만 원 정도였다. 노력에 비해 형편없는 보수였지만 버텨야 했다.

마치 작가가 되기 전의 습작 기간 같은 거라고 자신을 위로했다. 이런 방식으로 책을 내다가 2017년 5월부터 모든 공정을 직접 하게 되었다. 지금 생각해도 초기 출판 리스크를 줄일 수 있는 좋은 방법이었다. 당시에 돈은 잘 못 벌었지만, 사람들을 많이 만나야겠다는 생각은 들었다. 이런 생각을 한 이유는 책『돈보다 운을 벌어라』덕분이다.

책의 핵심 내용은 제목 그대로다. 사람들은 돈을 좇지만 그 방법은 잘못되었고 사람이 소중하고 사람에게 잘해야 한다는 가르침인데 큰 공감이 갔다. 그리 짧지 않은 생을 살아오면서 사람이 전부라는 생각은 점점 더 굳어진다.

이 책에도 나오지만, 운을 좋게 하려면 집에만 있지 말고 자꾸 밖으로 나가서 사람들을 만나고 다녀야 한다. 그래서 사람들을 만나기 위해 전자책 제작 세미나를 시작했다.

'유페이퍼'라는 전자책 유통 플랫폼을 이용해서 전자책을 제작하고 출간, 유통하는 방법에 대한 세미나였다.

시길(sigil) 같은 어려운 프로그래밍 언어를 몰라도 쉽고 간편하게 전자책을 만드는 좋은 방법이 있다는 사실을 많은 이들과 공유하고 싶었다. 소규모로 강의 겸 세미나를 스무 번 넘게 열었다.

참가비를 받았기에 부수입도 조금 올렸지만 사실 돈은 그리 중요한 요소가 아니었다. 이런 나의 시도는 지금 생각해도 꽤 성공한 것 같다.

세미나를 통해 내가 아는 지식을 나누기도 했지만 참가한 다양한 직업의 많은 사람으로부터 좋은 아이디어도 많이 얻었고 자극도 받았다.

예를 들어 세나북스의 스테디셀러로 자리 잡은 『손으로 쓰면서 외우는 JLPT N1 30일 완성』 등 『손으로 쓰면서 외우는 JLPT』 시리즈도 세미나에 참석한 영어 강사분에게서 아이디어를 얻었다.

전자책 제작 강의를 왜 들으시냐 물었더니 자신이 가르치는 학생들에게 손수 만든 교재를 주고 싶은데 인쇄물은 너무 손이 많이 가서 전자책으로 배포하고 싶다고 말했다.

어떤 교재냐고 물어보니 영어를 예문을 보며 따라 쓰는 교재를 만들고 싶단다. 그 순간 '아, 일본어도 따라 쓰면 정말 좋은데!'라는 생각이 들었고 새로운 책을 기획하게 되었다. 마침 일본어 교재 집필이 가능한 나무 작가님도 알고 있었다.

실제로 어학은 필사로 공부하면 실력향상에 굉

장한 도움이 된다. 언어는 머리로 습득하는 지식이라기보다는 몸으로 배우는 기술(테크네)에 가깝다. 강의를 듣는 방식만으로는 절대 익힐 수 없고, 말하고 듣고 손으로 직접 쓰는 실습이 필요하다.

1인 출판사를 시작한다면 관련된 사람들을 많이, 적극적으로 만나러 다녀야 한다. 나도 아주 적극적으로 사람들을 많이 만나는 편은 아니지만, 더 노력하고 있다. 요즘은 주로 작가님들, 출판 관계자들을 만나는데 주 관심사인 책과 출판 이야기도 나누고 세상 돌아가는 이야기도 나누며 새로운 자극을 많이 받는다.

출판을 한다거나 새로운 일을 하려면 만남을 두려워하거나 집에서 컴퓨터 화면만 보고 있기보다는 밖으로 나가야 한다. 어떤 핑계나 구실을 만들어서라도 내 일과 관련 있는 사람들을 만나서 서로 정보도 주고받고 배움을 이어나가야 한다.

사람과의 만남은 너무나 소중하고 아무리 그 중요성을 강조해도 지나치지 않다.

가끔은 무리하지 않으면
아무것도 이루어지지 않는다

요즘도 책을 열심히 만들지만 집에서 일하니 출퇴근에 시간을 낭비하지도 않고 24시간을 내가 통제하니 비교적 한가한 하루하루를 보내고 있다.

평일에는 6시에 기상, 아침 식사를 준비하고 7시에 다섯 식구가 함께 아침 식사를 한다. 아이들을 학교에 데려다주고 집에 오면 서점에서 주문 온 책을 출고해야 한다. 출고하는 중간에 막내와 놀기도 하고 집안일도 한다.

10시쯤 모든 출고가 끝나면 아이와 놀러 가거나 아이가 자면 남편에게 아이를 맡기고 카페에 가서 글을 쓰거나 일을 하거나 책을 읽는다.

원래 집에서 일했는데 요즘은 글을 써야 해서 일부러 밖으로 나간다. 글쓰기 같은 작업은 집에서는 집중이 잘 안 되는 듯하다.

2시간 정도라도 혼자만의 시간을 보낼 수 있으면 행운이다. 어차피 낮에는 아직 많이 어린 막내를 돌봐야 하니 일을 안 한다는 것이 원칙이다. 아이가 깼다는 연락을 받으면 다시 집으로 간다.

그렇게 오후가 가고 아이들이 하교하면 맞이하고 조금 있으면 저녁 식사 준비를 해야 한다.

그 사이에 시장을 다녀오기도 하고 간단한 일 처리도 한다. 저녁 먹고 놀다가 막내가 잠이 들면 그때부터 다시 출판 업무 시간이 시작된다. 집에서 퇴근해서 회사로 출근하는데 출근 장소는 또 집이다.

피곤하면 아이와 함께 일찍 잠자리에 들었다가 새벽에 일어나서 일하기도 하고 밤늦게까지 일하다가 새벽에 잠을 자기도 한다. 피곤하면 일 안 하고 그냥 자기도 한다. 내 마음대로다.

약속이 있거나 변수가 생기면 달라지지만 거의

이런 비슷한 하루하루를 보낸다.

물론 급하게 원고를 써야 하거나 일이 몰리면 조금 더 일에 에너지를 투입한다. 마감에 몰려서 하루에 2시간만 자고 일하는 때도 가끔 있지만 이런 경우도 큰 부담은 없다.

솔직히 심리적으로 조금 부담은 되는데 신체적으로는 할만하다. 피곤함 정도는 일을 다 끝내고 한번에 몰아서 자거나 낮잠으로 보충하면 된다.

예전에 회사에 다닐 때는 아무래도 좀 무리를 해야 해서 육체적으로나 정신적으로 힘들었다. 회사 다니며 아이들 돌보고 집안일을 하느라 너무 피곤해서 여러 질병을 달고 살기도 했다.

회사에 다니면 무조건 사무실에 묶여 있는 시간이 있어서 힘들었다. 사실 출판사를 하기 전에 워킹맘으로 살면서 이 부분이 가장 힘들었다.

아이가 아프거나 집에 일이 생겨서 휴가를 내야 하면 회사에 눈치가 보였다. 아픈 아이를 데리고 병원에 갔다가 다시 어머님께 아이를 맡기고 회사로

향하는 발걸음은 무겁기만 했다.

솔직한 표현으로 딱 죽을 맛이었다.

지금은 아이가 갑자기 아프거나 해도 전혀 시간에 구애받거나 심리적 부담이 없어서 좋다.

살면서 가끔은 일부러라도 좀 무리를 해야 한다. 뭔가 큰 변화를 도모하거나 복잡하고 힘든 일을 처리하기 위해서는 마음을 다잡고 무리를 하는 수밖에 없다.

시간은 정말 쓰기 나름이다. 아주 긴 기간이 아니어도 그렇게 좀 무리를 하고 집중적으로 노력하면 얼마 후에는 업그레이드된 자신을 발견할 수 있다.

대학 입시 이후로 좀 무리를 한 건 제법 최근의 일이다. 회사에 다니며 작가 수업, 글쓰기 공부를 하던 시기였다. 그전에는 너무 편하게 아무렇게나 살았다. 글쓰기 프로그램인 '꿈꾸는 만년필'에 참가한 기간인 2012년, 회사도 다니고 있었고 주말이면 아이 둘을 혼자 돌봐야 했다.

프로젝트 장소도 집에서 멀어서 항상 피곤했지만 글쓰기 공부와 숙제는 왜 그리 재미있던지!

주말에도 새벽 3시에 일어나서 아이들이 일어나는 아침 8시까지 5시간 정도는 집중해서 글쓰기 공부를 했는데 그 시간이 너무나도 행복하고 가슴 벅찼다.

가끔은 이렇게 무리를 해서라도 필요한 능력을 손에 넣어야 한다. 그 시절 조금 무리를 한 덕분에 분명 그 전보다는 글 쓰는 실력이 좋아졌고 책도 많이 읽을 수 있었다. 내겐 무엇과도 바꿀 수 없는 값진 경험이었고 당연히 출판 창업에도 많은 도움이 되었다.

그리고 더 최근에 무리(?)한 경험으로는 역시 셋째 아이를 낳고 책을 만든 일이다. 본격적으로 출판을 시작한 2017년에 막내가 태어나서 지금 아이의 나이가 나의 출판 인생과 동일한 행복한 우연이 생겼다. 갓난아기라 밤에도 자주 깼지만, 밤에는 어쨌든 낮보다는 길게 잤다. 그래서 낮에는 아이를 데리고 같이 낮잠을 많이 자고 아기가 잘 자는 밤에는 거의 새다시피 하며 책을 만들어 출간했다.

힘들기도 했지만 좋아하는 일이라 신나게 했다.

당시는 겨우 출판사가 안정적으로 운영되기 시작한 때여서 손을 놓고 있기보다는 열심히 달려야 했다. 돈도 벌어야 했다.

다행히 아이 낳고 몸도 아프지 않고 회복도 빨랐다. 그러고 보니 출산 직후 병원에 있을 때도 책을 만들었다. 손목에 조금 무리가 가기도 했지만, 가만히 있지 못하는 성격 탓인지 일을 하고 싶었다. 지금 생각해도 잘한 일이다. 누가 들으면 극성이라고 할 수도 있지만.

일본의 유명한 건축가 안도 다다오가 이런 말을 했다고 한다. "잘 거 다 자고, 놀 거 다 놀면서 무슨 크리에이티브냐"고. 꼭 크리에이티브(창조)가 아니더라도 어떤 목표가 있다면 일정 기간은 무리를 좀 해야 한다. 그래야 뭔가 조금이라도 발전이 있고 원하는 일이 이루어진다.

회사에 다니면서
1인 출판사를 준비하면 좋다

예전에 회사 다니면서 틈을 내서 글을 썼던 시절에 지금보다 더 글을 많이 썼다. 회사에 다니면 경제적인 걱정도 없으니 글에 더 집중할 수 있다는 장점도 있었다.

지인이 책 읽고 글 쓰는 것이 너무 재미있다며 회사를 그만두고 본격적으로 한다기에 말렸다.

시간이 너무 많으면 도리어 효율이 떨어진다. 없는 시간을 쥐어짜야 글쓰기가 더 잘 된다. 나도 아이들 돌보느라 바쁘지만 어떻게든 시간을 만들어서 책을 읽고 글을 쓰고 책도 만든다.

시간이 많다고 그 시간에 뭔가 의미 있거나 내게

도움이 되는 일만 하는 건 절대 아닌 듯하다.

시간이 많아도 쓸데없는, 미래에 도움도 안 되는 일에 시간과 돈을 낭비하는 사람들을 우리는 주변에서 흔하게 볼 수 있다. 또 한 가지 조심해야 하는 것은 가짜 욕망이다.

'회사를 그만두고 여유가 생기면 베란다에 허브를 키워야지!' 회사를 그만두고 집에 있게 되어 분명 시간이 예전보다 많아졌지만 나는 허브를 키우지 않았다. '시간 여유 생기면 일본어 공부 열심히 할 거야!' 시간이 없어서 내 일본어 실력이 이렇게 제자리일 리가 없다. 공부할 시간이 있지만, 공부 안 한다. 도대체 왜 그럴까?

다들 생각한다. '이것만 아니면 난 저걸 할 수 있어, 할 거야!' 그런데 막상 그 상황이 되면 안 한다.

회사 생활이 힘들면 '그래, 내가 이 회사 그만두면 내가 하고 싶은 거 다 할 수 있을 거야!'라고 생각한다. 막상 그만두면 무엇을 해야 할지 당황스러워질지도 모른다.

출판을 너무 하고 싶어서 회사를 그만뒀는데 막상 그만두고 나니 마음만 조급하고 창업 진행이 잘 안되거나, 실제 해보니 내가 정말 원하던 일이 아니라면 큰일이다. 가짜 욕망과 진짜 욕망을 구분해야 한다. 회사를 그만두기 전에 내가 진정으로 원하는 일, 하고 싶은 일을 찾기 위해 진지하게 고민해야 한다. 나는 정말 출판을 하고 싶은 걸까?

그러기 위해서는 어딘가에 자꾸만 적어야 한다. 내가 뭘 원하는지, 오늘의 나는 어떤 일을 했고 뭐가 되고 싶은지. 앞에서 언급한 일기나 메모가 나의 진짜 욕망을 알아보는 가장 좋은 방법이다.

시간이 지나서 3개월, 6개월, 1년 뒤에 자신이 쓴 일기나 메모를 읽어보면 진정 좋아하는 일이 분명하게 보인다. 한때의 기분이나 분위기에 휩쓸린 것이 아닌, 계속 뭔가에 관심이 있는 자신을 발견하게 된다. 회사에 다니고 있다면 출판 창업에 쓸 시간은 물론 부족하다. 그래도 월급 받으면서 미리 많은 준비를 하고 출판 창업에 도전하자.

프리랜서와 1인 출판사는
비슷하다

프리랜서에 대한 많은 사람의 갈망을 『프리랜서 번역가 수업』을 출간하고 분명하게 알게 되었다.

처음에는 '번역가'에 흥미가 있는 분들만 책을 사보실 거라 예상했는데 '프리랜서'의 생활이 궁금해서 책을 읽었다는 의견이 많아서 놀랐다.

책에 나오는 프리랜서 번역가가 갖추어야 할 역량과 일의 특징을 보면

- 끊임없이 공부해야 하고 책을 많이 읽어야 한다
- 신조어 공부를 꼭 해야 한다
- 가장 중요한 건 신뢰, 납기일 준수, 마감 준수다

- 사람과 시간, 장소에 얽매이지 않고 일을 할 수 있다
- 원고 청탁이 끊이지 않는 번역가가 되기 위해 노력해야 한다
- 생각보다 수입이 좋지는 않다
- 내 일정은 내가 짠다
- 국어 공부는 필수고 프로의식, 책임감이 투철해야 한다

사실 몇 가지 번역적인 특성만 빼면 프리랜서가 갖추어야 할 필수 조건과 별로 다르지 않다.

프리랜서의 좋은 점, 특히 재택 프리랜서라면 '아침과 저녁이 있는 삶'을 살 수 있다는 점이 좋아 보인다.

조금 안 좋은 점은 다음 달 매출을 정확하게 예측하기 어렵다는 것과 직장 다니는 사람들이 다 좋아하는 '불금(불타는 금요일)'이 되어도 별 감흥이 없다는 정도다.

회사 다닐 때는 금요일 저녁이 가장 행복했다.

지금은 월화수목금토일 다 똑같다. 심지어 10일 연휴에도 심장이 두근거리지 않는다! 심지어 휴일에는 책 주문이 없어서 휴일보다 평일을 더 좋아한다.

여러 면에서 1인 출판사는 프리랜서와 비슷하다. 『프리랜서 번역가 수업』에는 여덟 명의 현직 번역가님들의 인터뷰가 실려 있는데 김소희 번역가님의 인터뷰에 이런 내용이 있다.

당연한 이야기겠지만, 프로 의식과 책임감을 늘 느끼며 일하는 것이 프리랜서 번역가로 오래 살아남을 방법이라고 생각합니다. 번역을 '돈벌이 수단'으로 생각하는 것과 '제2의 창작으로 삼아 재탄생시키는 나의 글'로 생각하는 것에는 분명 큰 차이가 있을 테니까요. 그 어떤 번역 스킬보다 더 중요한 부분이 아닐까 싶어요.

이 말은 1인 출판사에도 그대로 적용된다.

출판을 대박을 낼 수 있는 돈벌이 수단으로 생각

하는 것과 한 권 한 권 새로운 가치를 창출하는 창작물을 만든다는 마음으로 대하는 것에는 말할 것도 없이 큰 차이가 있다.

블로그를 출판에
잘 활용하는 방법

블로그를 해야 하는 이유는 아주 분명하다. SNS를 하더라도 베이스캠프 역할을 하는 블로그가 필요하다. SNS는 일회성이라는 느낌도 있지만 블로그는 양질의 콘텐츠를 올려두면 몇 년이 지나도 그 정보를 사람들이 검색해서 본다.

네이버 블로그는 다양한 통계를 제공해 줘서 블로그 방문자들이 어떤 방식으로, 어떤 키워드로 검색해서 내 블로그에 들어오는지 알 수 있다.

이런 정보들을 분석하면 사람들의 취향, 관심사를 파악할 수 있는데 마케팅하는 입장에서 굉장히 유용한 정보다.

통계를 분석하면서 나만의 통찰도 기를 수 있다. 예를 들어 어느 날 갑자기 내가 작성한 특정 블로깅이 많이 검색되면 왜 그런지 원인을 파악해 보면 좋다.

방송에 내가 포스팅한 내용과 관련된 내용이 나와서 사람들이 검색을 많이 했을 수도 있고 그 외에 다양한 이유가 있을 수 있다. 이런 분석을 자주 해보면 사람들이 구체적으로 어떤 정보에 관심이 있는지도 알 수 있다.

블로그나 SNS는 큰 자금이나 기술이 필요 없다는 점에서 작은 1인 출판사에는 더할 나위 없이 좋은 마케팅 수단이다. 물론 블로그나 페이스북, 인스타그램을 이용한 유료 광고도 존재한다. 우리 회사도 가끔 페이스북 유료 광고를 이용해서 책을 홍보한다. 하지만 금액은 아주 적게 쓴다.

나는 가능한 돈을 들이지 않고 홍보를 한다. 열심히 자판을 두드려서 블로그, SNS로 우리 출판사의 책을 홍보하고 출판사 소식도 전한다.

우리 출판사에서 하는 각종 서평 이벤트와 작가와의 만남 공지도 모두 블로그를 이용한다. 1인 출판사라면 본격적으로 출판을 하기 전에 블로그 방문자 수도 어느 정도 확보하는 등, 블로그를 활성화하고 시작하는 편이 좋다.

세나북스의 네이버 블로그 1일 방문자 수는 평균 300명 정도인데 블로그에 올리는 세나북스 책이나 나의 관심사에 대한 블로깅에 어느 정도 블로거의 반응이 있는 수준이다.

물론 방문자 수를 더 늘리면 좋겠지만 별도의 노력을 해야 하니 출판에 바쁜 지금으로서는 조금 무리다. 이 정도만 되어도 충분하다.

블로그를 활성화하는데 가장 좋은 방법은 양질의 콘텐츠 많이 올리기가 정석이고 답이다. 방문자 수를 일부러 높이기 위해 내가 관심도 없는 분야의 글을 올리는 방법은 본질적으로 아무 의미가 없다.

잘 키운 블로그 하나 열 광고 안 부럽다고 생각한다.

책을 잘 만들면 팔린다?
그 진실은?

어느 날 드디어 깨닫고 말았다. 책을 잘 만들어야 함은 당연하고 잘 팔아야 한다는 사실을….

예전에 한 출판 관계자가 이렇게 말했다.

"잘 만들면 어떻게든 팔려…."

그런데 이 말을 초보 출판사 사장이 듣고 그대로 믿어버리면 안 된다.

책을 만들어서 많이 팔리려면 결국 둘 중 하나가 가능해야 한다. 확실하게 오프라인 서점에서 많이 밀어내거나 마케팅 비용을 엄청나게 써서 광고를 확실하게 하든가. 둘 다 돈이 많이 드는 방법이다.

안타깝지만 작은 출판사는 실행하기에 쉽지 않은 방법들이다. 그럼 1인 출판사는 책을 어떤 방법으로 팔아야 할까?

최근에 책을 내면서 판매를 위해 중요하게 생각하는 포인트는

"우리 출판사가 이 책을 내면 독자에게 어떤 직접적이고 확실한 도움을 줄 수 있을까?"에 확실한 대답을 할 수 있어야 한다는 점이다.

이 질문에 편집자나 출판사가 딱 한 줄로 요약되는 대답을 못 하면 과연 누가 그 책을 사 줄지 의문이다.

잘 만들면 어떻게든 팔린다고 말하는 사람들은 이미 기반을 잡은 출판사를 언급하는 것으로 보인다.

특정 유명작가의 책을 꾸준히 내는 출판사거나 독자들이 분야별로 인정하는 인지도 있는 대형 출판사의 경우는 마케팅 비용도 남다르겠지만 책을

내면 이슈화가 그리 어렵지 않다.

하지만 사람들이 잘 모르는 작은 출판사는 아무리 책을 잘 만든다 해도 사람들이 그 사실을 알아주기까지 시간과 노력이 많이 들 수밖에 없다.

인지도 높은 유명인의 책이 출간되면 아무래도 많은 관심을 받는다. 그래서 출판사도 연예인이나 블로그, SNS로 알려진 사람들을 선호한다.

책이 만들어지기 전에 화제성을 생각하고 독자에게 전달할 확실한 메시지가 있어야 한다. 이 책에는 다른 책에는 없는 확실한 뭔가가 있다고 말할 수 있어야 한다.

가끔 '책을 만들어서 창고에 입고까지 시켰는데 이제부터 뭘 해야 하나요? 어떻게 팔면 되죠?'라는 질문을 하는 사람들이 있다.

책은 기획하는 순간부터 어떻게 팔 것인지를 고민해야 팔릴까 말까다. 이런 질문을 보면 너무 답답하고 한숨이 나온다. 적어도 출판 마케팅에 관한 책 세 권 정도는 읽고 출판을 시작하자.

초기에는 출간 분야의 색깔을
분명히 하자

「기획회의」가 없었다면 출판을 하면서 맞는 방향으로 가고 있는지 도무지 감을 잡지 못했을 것 같다.

「기획회의」에 글을 연재하는 박주훈 스토리웍스 컴퍼니 대표도 고마운 분이다. 마케팅에 대한 좋은 글을 많이 써주셔서 너무나도 재미있게 읽었고 실제 업무에 큰 도움이 된다.

박주훈 대표의 글 중에 이런 내용이 있다

새롭게 출판을 시작하시는 분들에게 내가 드리는 조언은 한결같다. 출간 분야의 색깔을 분명히 하라는 것과 초기 독자와의 밀도를 높이라는 것 그리고 꾸준히 하라는 것이다.

세나북스는 의도한 것 같기도 하고 아닌 것 같기도 하지만 출간 분야의 색깔이 분명한 편인데 이와 관련한 질문도 많이 받는다.

'일본에 대한 콘텐츠만 출판하시나요?'라는 질문도 그중 하나다. 내가 관심 있는 분야의 책을 내다 보니 이제까지는 일본 관련 콘텐츠가 많았지만, 앞으로는 다양한 분야에 도전해보고 싶다.

박주훈 대표의 말대로 출판사 초기에는 출간 분야의 색이 분명하면 독자들에게 특별한 인상을 줄 수 있다.

세나북스가 출간한 책을 읽은 독자님이 '제가 좋아하는 분야의 책이 많네요. 다 읽어보고 싶어요'라고 하시며 다른 책도 사서 읽어주신다.

물론 다양한 분야의 책을 내는 방법이 잘못되었다고 할 수는 없지만 한두 분야 정도에 집중하면 분명 시너지가 난다.

같은 분야에 집중하면 그 방면으로 노하우도 생기고 독자에게도 인정을 받게 된다. 뛰어난 마케팅 전문가의 말은 한 번쯤 더 되새기고 적용해볼 만한 충분한 가치가 있다.

관심 있는 출판사를
벤치마킹하자

직장인은 같이 일하는 사람 중에 일 잘하는 뛰어난 사람이 있으면 그 사람을 보고 많이 배울 수 있다.

출판도 잘 나가는 출판사 대표를 직접 만나보면 더 좋겠지만 만나지 않아도 그들의 결과물을 언제든지 손에 넣을 수 있고, 분석해 볼 수 있다.

내용이 좋거나 물성이 좋은 책이 얼마나 많은가! 모두 다 직접 볼 수 있다. 이런 책들을 분석하고 참고해서 내가 만드는 책의 내용이나 품질을 더 좋게 만드는 데 활용하면 된다. 베끼라는 게 아니라 책을 더 잘 만들기 위한 참고서처럼 활용하자는 의미다.

이렇듯 보고 배울 거리는 넘치기에 노력과 열정만 있다면 출판은 누구나 잘 할 수 있는 분야라고 생각한다.

관심 있는 출판사가 어떤 행사나 이벤트로 마케팅 활동을 하는지도 쉽게 알 수 있다. 네이버나 구글에 출판사 이름을 넣고 검색하면 다양한 내용이 뜬다.

잘나가는 1인 출판사 '○○출판'을 포탈에서 검색해 보니 '신간이 나와서 독자와의 만남 행사를 했다'라는 블로깅이 검색되었다. 그러면 '우리 책도 이런 방법으로 홍보해야지'라든가 '아 이런 장소에서 독자와의 만남을 해도 좋겠다'라는 다양한 정보를 책상 앞에서 얻을 수 있다.

인터넷 서점에서 특정 출판사를 검색해서 어떤 책들을 냈는지, 판매량은 어떤지(판매량은 인터넷 서점의 세일즈 포인트나 분야별 순위를 보고 판단한다), 출판사가 출간하는 책의 분야나 디자인의 특징이 어떠한지 등을 분석해도 좋은 공부가 된다.

의외로 큰 출판사나 잘 나가는 출판사도 다양한 분야의 책을 내기보다는 특정 분야에 집중하는 경향이 있다. 하물며 이제 사업을 시작한 작은 출판사라면 앞에서도 언급했듯 자신만의 색을 가져가는 편이 전략적으로 유리할 수 있다. 분야 인지도를 높일 수 있고 전문성을 어필할 수 있다.

1인 출판사 대표는 항상 배움에 적극적이고 현재의 트렌드에 민감해야 한다. 주변에 잘 나가는 출판사가 있다면 왜 그런지 다양한 관점에서 분석해보자.

좀 더 적극적으로 행동해서 평소 닮고 싶은 출판사 대표를 만나보는 것도 좋다. 나도 인터넷 카페나 인맥으로 알게 된 출판사 대표님들과 직접 만나서 자극도 받고 많이 배우고 있다.

이런 작지만 의미 있는 노력 하나하나가 모여서 1인 출판사의 자생력을 길러주고 잘 나가는 출판사가 되는 기반을 마련해 줄 것이다.

책은 서점에서만
팔 수 있는 건 아니다

고생 끝에 원고도 완성하고 디자인, 제작을 거쳐 책이 나오게 되었다. 이제 팔려주기만 하면 되는데!

책이 잘 팔리려면 어찌 되었든 많은 사람이 책의 존재를 알아야 한다. 여러 유통 채널을 이용할 필요가 있다. 책은 발견되어야 팔린다!

우리 출판사가 거래하는 유통 채널은 교보문고, 영풍문고, 예스24, 알라딘, 인터파크, 도매상은 북센과 거래한다.

이 중 교보문고, 영풍문고와 도매상은 오프라인 매장에도 책이 공급된다. 종이책은 크게 온라인과 오프라인에서 판매가 된다.

책 종수가 어느 정도 되고 관리할 능력이 된다면 전국 각지의 대형 서점과 직거래를 해도 된다. 작은 서점과도 계약을 맺어서 책을 공급해도 된다. 문제는 역시 시간과 노력일 것이다.

그리고 또 한 가지 책을 파는 방법이 있는데 바로 전자책이다. 전자책도 다양한 판매 채널이 존재한다. 예스24, 알라딘, 인터파크, 교보문고, 리디북스, 네이버북, 북큐브, 카카오페이지 등이 있고 밀리의 서재라는 전자책 대여 플랫폼도 있다. 전자책 대여 업체도 점점 늘어가는 추세다.

가끔 종이책은 나와 있는데 전자책이 없는 책을 보면 좀 안타깝다. 종이책 매출이 영향을 받는다는 생각 때문에 전자책을 만들지 않았는지 다른 이유에서인지 모르겠다. 전자책은 잘 안 팔려서 안 만든다는 출판사도 많이 봤다.

전자책은 대체로 종이책보다 매출이 적지만 한 번 만들어서 유통하면 거의 관리할 일이 없고 생각보다 종이책과 전자책의 독자는 많이 겹치지 않는다. 나는 '유페이퍼'라는 플랫폼에서 전자책 제작도 하고 유통도 다 한다. 정산도 유페이퍼와 한 번만 하면 되기에 편하고 좋다.

최근에는 네이버에서 제공하는 '스마트 스토어' 에서도 책을 팔기 시작했다. 일반적으로 서점 공급률이 책정가의 65~55%인데 스마트 스토어는 약간의 수수료만 내면 된다.

물론 책 배송비는 출판사가 부담하거나 무료로 해야 한다. 이런 점을 고려한다 해도 굉장히 매력적인 책 판매 방식이다. 아직은 그리 매출이 높지 않지만, 꾸준히 홍보해서 스마트 스토어에서의 매출도 일정 수준으로 올려볼 생각이다.

이렇게 책은 하나의 콘텐츠를 다양하게 판매할 수 있는 장점이 있다. 종이책만 팔거나 특정 서점에서만 책을 팔지 말고 도매상도 이용하고 전자책도 만들어서 유통해보자. 스마트스토어 같은 판매 사이트도 적극적으로 활용해서 어렵게 만든 책과 콘텐츠를 많은 사람이 볼 수 있도록 해보자.

1인 출판사도 쉽게 할 수 있는
마케팅 방법

출판사는 다양한 이벤트를 통해 독자와 지속적인 만남을 가져야 한다. 이런 이벤트는 돈을 많이 들지 않으면서도 효과가 좋은 마케팅 방법의 하나다.

일단 신간이 나오면 서평 이벤트를 하자. 서평 전문카페 세 곳(P.133 참조)과 세나북스 블로그, 그리고 저자들이 직접 자신의 블로그나 인스타그램 같은 SNS를 통해 서평 이벤트를 연다.

서평 이벤트를 하면 응모 이유 등을 댓글로 독자님들께 요청하는데 이 내용을 읽어보면 마케팅에 큰 도움이 된다. 독자가 우리 출판사의 책을 읽고자 하는 이유는 아주 중요하다.

가끔 생각지도 못한 독특한 이유로 책을 읽고 싶다는 댓글도 달린다. 재미있기도 하고, 출판사로서는 많은 생각을 하게 된다.

철저히 기획해서 타깃 독자를 고려한 출간이라 해도 출판사나 저자가 100% 예상 독자를 다 알 수는 없다. 그런 면에서 이런 댓글로 독자의 니즈를 파악하는 작업은 유의미하다.

예를 들어 『프리랜서 번역가 수업』도 당연히 프리랜서 번역가가 되고자 하는 분들이나 이미 번역 일을 하고 있지만 다른 번역가의 노하우를 들어보자는 의도에서 책을 집어 든 사람들이 주요 독자라고 파악했다.

하지만 여러 면에서 분석을 해보니 번역가가 아니라도 '프리랜서'로 일하는 많은 분이 이 책에 관심을 가지고 실제 구매로도 이어졌다.

'나도 프리랜서인데 다른 직종의 프리랜서는 어떤 생활을 하는지 궁금해서 책을 읽어보게 되었다'는 의견이었다.

출간 기념회도 독자와 작가, 출판사가 만날 좋은 기회이자 의미 있는 이벤트다.

출간 기념회는 몇 번 했는데 그때마다 독자님들을 직접 만날 수 있어서 작가님뿐만 아니라 편집자이자 대표인 나에게도 의미 깊었다. 사실 이런 이벤트가 아니면 독자님을 만날 기회가 거의 없다.

서평 이벤트, 출간 기념회 같은 이벤트 외에도 출판사는 독자와 만날 간접적, 직접적 기회를 항상 만들어야 한다. 작은 출판사일수록 이런 작업은 더 의미가 있다.

큰 출판사가 하지 못하는, 독자와의 유대를 강화하는 신선하고 다양한 이벤트를 기획해서 실행해 보자.

1인 출판사 Q & A

Q. 출간 후 어느 정도 시간이 지나면 잘 팔릴 책인지 아닌지 알 수 있을까요?

A. 출간하고 2주면 팔릴 책인지 아닌지 알 수 있다는 말도 있지만, 경험상 한 달 정도 지나면 어느 정도 알 수 있다. 물론 한 달 동안 홍보도 열심히 하고 서평 이벤트 활동도 하는 등 정성을 기울여야 한다. 서점에서 책을 많이 받아주면 좋지만 안 팔리면 반품된다는 사실도 명심해야 한다. 처음에 너무 많이 밀어내기보다는 어차피 잘 팔리면 추가 주문이 계속 들어오니 상황에 따른 적당한 수량의 책을 오프라인에 내보내자. 오프라인 서점에서 책이 잘 팔리리라 판단한 MD가 초도를 많이 받아주면 사실 고마운 일이다. 비록 나중에 반품이 조금 많아진다 해도 매대에 진열될 확률이 높아지기 때문이다. 오프라인 서점, 예를 들어 교보를 예로 들면 초도가 50부 정도밖에 안 되면 전국 매장에 한 권씩 진열도 어렵다. 매대에 진열이 되면 확실히 책 광고 효과가 있다.

Q. 서평은 어떻게 받을 수 있을까요?

A. 신간이 나오면 네이버 카페를 이용한 서평 이벤트를 진행하자. 큰돈을 들이지 않으면서도(책값과 택배비 정도가 든다) 효과가 좋은 책 홍보 수단이다. 서평 카페 외에도 지역별 맘카페나 여행 카페에서도 서평 이벤트 진행이 가능하니 잘 찾아보자.

○ 세나북스가 이용하는 서평 카페들

북카페 책과 콩나무

https://cafe.naver.com/booknbeanstalk

리뷰어스클럽

https://cafe.naver.com/jhcomm

컬처블룸

https://cafe.naver.com/culturebloom

Q. 세나북스는 공저를 비롯해 많은 작가와 작업을 했는데 작가 섭외하는 방법 좀 알려주세요.

A. 『한 번쯤 일본에서 살아본다면』, 『남자는 여행』, 『걸스 인 도쿄』, 『일본에서 일하며 산다는 것』, 『일본에서 한 달을 산다는 것』은 모두 열 분 이상의 작가님이 참여해서 한 권의 책을 완성했다. 많은 분이 작가님들을 어떻게 알게 되었는지 궁금해하고 질문도 많이 받는다. 세나북스 블로그에 작가 모집 공지를 올렸고, 참가하겠다고 신청해 주셔서 함께 일하게 되었다. 신기하게도 공지를 올리면 빠르면 사흘, 늦어도 일주일이면 작가님들이 모인다. 이렇게 공저 작업을 통해 만난 작가님들 중에 몇 분과는 다시 인연이 되어 단독 저작을 내는 작업으로 이어졌다. 이런 단편적인 예만 보더라도 블로그는 온라인 마케팅의 전초기지 역할을 하며 1인 출판사에 여러모로 중요하고 유용하다. 1인 출판사는 반드시 블로그를 잘 이용해야 한다.

Q. 필사(베껴쓰기)는 글쓰기에 정말 도움이 될까요?

A. 개인적으로 필사가 큰 도움이 되었다. 칼럼 베껴
쓰기도 했지만 글 찾는 일이 번거로워서 책 한 권을
필사하기도 했다. 류시화의 『하늘 호수로 떠난 여행』
을 통필사한 경험이 있다. 꼭 손으로 써야 하냐는 질
문도 많이 받는데 컴퓨터 자판을 쳐도 된다고 생각한
다. 글자를 하나하나 음미하듯 쓰기만 한다면 손으로
써도 되고 자판도 상관없다. 결과적으로 내 글쓰기에
도움이 되면 된다. 좋은 칼럼이나 기사를 보면 베껴쓰
기를 하고 싶다는 생각이 절로 든다.

Q. 교정·교열과 윤문은 어디서 어떻게 배워야 하나요?

A. 교정·교열은 그나마 쉽고 윤문은 남의 글을 많이 고쳐보면 실력이 많이 향상된다. 완전 초보라면 강좌를 듣는 방법도 있지만 완벽하게 교정 교열을 배운다는 건 큰 의미가 없다. 글을 많이 읽고 실제로 많이 고쳐보는 실전이 더 중요하다. 나도 책 18권 만들며 다른 사람의 글을 고치면서 실력이 많이 좋아졌다. 직접 편집을 다 하는 이유는 실력 있는 편집자 구하기가 힘들기 때문이다. 반대로 생각하면 실력 있는 편집자가 되면 일이 없거나 하는 걱정은 없지 않을까? 아래의 '한국어 맞춤법/문법 검사기'로 오류 대부분을 잡을 수 있다.

○ 한국어 맞춤법/문법 검사기
　http://164.125.7.61/speller/

Q. 출판을 경험해 본 적이 없고 출판계 지인도 없는데 출판사를 할 수 있을까요?

A. 사회 경험을 단 2~3년 정도만이라도 하고 출판을 하면 좋을 듯하다. 출판사를 다닌 경험이 있다면 더 좋지만, 꼭 출판 업무가 아니어도 회사에 다닌 경험은 아주 중요하다. 무엇보다 프리랜서나 1인 출판사 같은 자유로운 직종이 왜 좋은지는 회사에 다녀봐야 더 절실하게(?) 깨달을 수 있다. 출판전문잡지「기획회의」를 구독하거나 과월호라도 구해서 읽으면 출판계의 동향이나 요즘 출판 트렌드도 알 수 있고 출판 전반에 걸친 지식을 습득하는 데 큰 도움이 된다. 출판 초기에는 월급을 안 받아도 좋으니 1년 정도만 출판사를 다녀봤으면 좋겠다는 생각도 했지만, 잘 생각해 보니 회사에 다니면, 무언가를 배우는 데 생각보다 시간과 노력이 많이 든다. 어느 정도 기본기만 있다면 독학하고 직접 부딪히며 출판을 배우는 편이 시간도 절약하고 효율도 높다고 생각된다.

1인 출판사를 위한 추천 도서

1. 출판 창업에 도움이 되는 책

『출판창업』

북페뎀편집위원회 엮음, 한국출판마케팅연구소

'출판 경험이 없다면 창업은 반드시 수업료를 요구한다. 경험이 있다 해도 질이 문제다' 이 책에 담긴 중견 출판사 사장들의 출판 창업 이야기는 어느 것 하나 놓칠 것이 없다. 출판 창업을 생각한다면 반드시 읽어야 하는 책이다.

『내 작은 출판사 시작하기』

이승훈 지음, 북스페이스(유비미디어)

1인 출판사를 꿈꾸는 사람들에게 창업 전반에 대한 정보를 주는 책이다. 출판은 절대 우아한 밥벌이가 아니라는 이야기도 빼놓지 않고 해준다.

2. 출판 기획과 마케팅에 도움이 되는 책

『만만한 출판기획』

이홍 지음, 한국출판마케팅연구소

출판계의 현실을 적나라하게 보여주는 책이기도 하지만 출판에 관심 있는 초보에게는 단비 같은 책이기도 하다. '편집자들은 글을 몹시, 매우, 잘 써야 한다. 그 일이 당신의 업이 될지 모르므로 지금 만나는 어떤 저자보다 훨씬 더 많이, 잘 써야 한다'라는 대목을 읽고 글쓰기 공부를 더 열심히 하자는 반성을 하기도 했다.

『잘 팔리는 책 vs 안 팔리는 책』

한대웅 지음, 써네스트

책 만들기보다 팔기가 힘들다고들 한다. 출판 마케팅이 무엇인지 이 책 한 권이면 충분히 알 수 있다. 실천은 또 다른 문제지만. 초보에게는 바이블 같은 책이다.

『출판 마케팅 전략 가이드』

박주훈 지음, 한국출판마케팅연구소

「기획회의」에 연재될 때부터 책으로 나오기를 기다렸던 책이다. 당장 적용 가능한, 출판 마케터가 지녀야 하는 스킬도 광범위하게 다루지만 마케팅의 본질에 대해서도 많은 생각을 하게 해준다. 전문적인 내용도 많아 어렵게 느껴질 수도 있지만, 이 책을 다 이해하고 실천한다면 출판 마케팅을 어느 정도 안다고 자신 있게 말할 수 있을 것이다.

『함께 쓰는 출판 마케팅』

한국출판마케팅연구소 엮음

'한 사람의 편집자가 책을 만든 경험은 그저 그런 성공담에 불과할지 모른다. 하지만 백 사람의 편집자가 책을 만든 경험은 살아있는 출판 교과서가 될 수 있다는 생각이 책 속에 담겨 있다.' 이 책은 「기획회의」에 실렸던 글 중에서 마케팅에 관련된 글을 모은 책이다. 출판 마케팅에 관한 구체적인 사례가 이보다 더 풍부한 책은 없을 것이다.

3. 1인 기업과 프리랜서에게 도움이 되는 책

『나는 세상으로 출근한다』
박용후 지음, 라이팅하우스

이 책에 나오는 '어느 1인 출판사 사장의 이야기'를 읽고 '이건 내가 되고 싶은 사람의 이야기네!'라고 생각했다. 조직이라는 안전지대에서 나와서 혼자 일하기를 선택한 사람들에게 용기와 희망을 주는 책이다. 저자는 조직에 들어가기 위해 안간힘 쓰던 시대는 끝났다고, 가능하다면 어떤 대가를 치르더라도 자유를 선택하라고 말한다.

『조선에서 백수로 살기』

고미숙 지음, 프런티어

아직 젊은데 정규직, 대기업, 공무원만을 바라본다면 말리고 싶다. 요즘 청년들은 조직이나 노동에 매이지 않고 자기가 원하는 일을, 자유롭게, 하고 싶을 때 하기를 원한다. 1인 기업, 프리랜서로 일하고 싶다면 꼭 읽어보자.

1인 출판사 수업

좋아하는 일 오랫동안 계속하기

1판 1쇄 발행　2019년 12월 1일

1판 2쇄 발행　2023년 5월 12일

저　　　자　최수진

펴 낸 이　최수진

펴 낸 곳　세나북스

출 판 등 록　2015년 2월 10일 제300-2015-10호

주　　　소　서울시 종로구 통일로 18길 9

홈 페 이 지　http://blog.naver.com/banny74

이 메 일　banny74@naver.com

전 화 번 호　02-737-6290

팩　　　스　02-6442-5438

I S B N　979-11-87316-55-8 03010